総務・人事が知っておきたい

産休・育休の実務

OURS小磯社会保険労務士法人

小磯 優子・中村 寿恵 著

秀和システム

はじめに

　近年の少子化対応として関連する法律は頻繁に改正があり、企業には男女社員が子を産み育てるための環境整備が求められ、また社員も法律や自社の制度を十分に理解して活用することが大切になってきました。

　しかし、法律の定めが非常に細かく難解であり、また妊娠・出産と育児関係では定める法律が異なっているため、妊娠・出産関係については就業規則に、また育児休業関係は育児・介護休業規程に制度が定められていることが多く、総務・人事担当者も社員も全体像がとらえにくい状況にあると思われます。

　本書については、妊娠・出産から育児休業と、その後までの全体像を見通せるようにしたほか、簡易な表現でポイントをおさえることができるような説明を心掛けてあります。

　はじめてこれらの業務にあたる総務・人事担当者の方や子育て期の社員の方に手に取って頂き、本書が制度を理解し、活用するための一助になることを願っております。

OURS小磯社会保険労務士法人　代表社員

特定社会保険労務士　小磯　優子

　本書は、主にはじめて妊娠・出産・育児に関する手続き・制度などに関わる、会社の総務・人事担当者様向けに作成いたしました。

　2022年の育児・介護休業法の改正により、会社には妊娠・出産を申し出た社員に、育児休業等の制度を個別に説明し、取得の意向を確認する措置が義務化されました。また、男性の育児休業取得促進を目的として、出生時育児休業や育児休業の分割取得などの制度ができたことにより、産休・育休と長期間休業する女性以外に、短期間の休業をする男性も増えています。そのような中、会社の総務・人事担当者は、制度の説明、規程の把握、給付金の手続きなど幅広く対応することが求められ、ご苦労されているかと思います。

　そこで、本書では図表や記入例を交えながらなるべく簡潔に解説し、ポイントで理解を深めて頂くようにいたしました。はじめて業務に携わる方にも、制度の理解や社員向けの説明などに多少なりともお役に立てれば幸いです。

OURS小磯社会保険労務士法人

特定社会保険労務士　中村　寿恵

産休・育休の制度と手続き

出産日

妊娠中	42日（98日）	56日	1歳
軽易な業務への転換			
危険有害業務等の就業制限			
変形労働時間制の制限／時間外労働・休日労働・深夜業の制限			
母性健康管理の措置（通院時間確保／通勤緩和、勤務軽減等）			
	産前休業	産後休業	
		（主に男性）育児休業 出生時育児休業	育児休業
			育児時間
		★主に男性★	
		★主に男性★	

出産日

妊娠中	産前休業（42日）（98日）	産後休業（56日）	育児休業（1歳）
傷病手当金			
限度額適用認定証			
	産休中の 社会保険料免除		
	出 産 手 当 金		
			★男性★　育児休業
		★主に男性★ 出生時育児休業給付金	
			出産後→出産育児一時
			（産休後の月額変更）
			（養育期間特例申

4

産休・育休で申請できる制度・手続きは、時期によってさまざま。まずは、どんな制度・手続きがあるのか、下の表で大まかな流れを把握しておきましょう。

復職

1歳6カ月	2歳	3歳	子就学まで
育児休業	育児休業		
育児短時間勤務(所定労働時間の短縮措置)/所定外労働の制限			
時間外労働の制限/深夜業の制限			
子の看護休暇			

復職

育児休業（1歳6カ月）	育児休業（2歳）	3歳	子就学まで
育児休業中の社会保険料免除			
育 児 休 業 給 付 金			
)社会保険料免除			
育 児 休 業 給 付 金			
家族出産育児一時金)			
出産後　→　扶養異動届			
※育休取得しない場合		育休後の月額変更	
※育休取得しない場合		養育期間特例申出	

5

目　次

第1章　妊娠・出産の報告を受けたら何をする？

第2章　妊娠中に気を付けることは？

第3章　産休ってどんな制度？

第4章　赤ちゃんが生まれたら

第7章　マタハラ・パタハラが起きないようにしよう

第8章　会社の規程をチェックしよう
育児介護休業規程モデル

●書類の記入例 ◆届出書類 ◇社内様式

手続きに使用する書類のダウンロード先

本書で紹介する書類のフォーマットは、下記よりダウンロードすることができます。

● 健康保険給付の申請書（全国健康保険協会）

https://www.kyoukaikenpo.or.jp/g2/cat230/

※会社により健康保険（組合）は異なります。必ず会社の健康保険（組合）を確認してください。

● 産休・育休等関係届書（日本年金機構）

https://www.nenkin.go.jp/service/kounen/todokesho/menjo/index.html

● 帳票一覧　育児休業給付に関する手続き（ハローワーク）

https://hoken.hellowork.mhlw.go.jp/assist/001000.do?screenId=001000&action=initDisp

● 育児・介護休業等に関する規則の規定例（厚生労働省）

https://www.mhlw.go.jp/stf/seisakunitsuite/bunya/000103533.html

読者特典

本書をご購入いただいた方には、従業員の方への説明に役立つ「産休・育休の手引き」「マタハラ・パタハラ対策の手引き」のパワーポイントを、下記よりダウンロードしてご利用いただけます。

https://www.shuwasystem.co.jp/support/7980html/7115.html

第1章

妊娠・出産の報告を
受けたら何をする？

1 状況確認のヒアリングをしよう

ヒアリングと面談

　社員から妊娠・出産の報告を受けたら、社員の状況や希望を確認しながら会社の対応を準備します。

　女性の場合は、身体の変化を伴いますので妊娠中から制度を利用するケースも多いです。報告を受けたら早めにヒアリング・面談の機会を設けましょう。

Check!　　　面談ではどんなことを話す？

・出産予定日(や在胎週数)はあらかじめ聞いておく。
　→面談時にいつごろから産休・育休に入れるかなどスケジュールを示しやすくなります。

・現在の体調(つわりなど)を確認する。
　→体調面に配慮が必要な場合、妊娠中の勤務で利用できる制度を案内します。

・妊娠・出産・育児に関する会社の制度や手続きについて説明する。
　→第1章[2]で説明する「個別周知」に当たります。

・休業の取得希望や休業期間の予定を確認する。
　→第1章[2]で説明する「意向確認」に当たります。

 実務ポイント　**休業中の連絡先を確認**

　女性の場合、里帰り出産をすることもありますので、休業中に連絡の取れる携帯番号やメールアドレス、郵送物がある場合の自宅以外の送付先住所などを聞いておきましょう。

 実務ポイント　**年次有給休暇5日の取得義務**

　産休・育休を取得する社員にも年次有給休暇（年休）を5日取得してもらう必要があります（年休を付与した年度の期間全部が休業の場合などは必要ありません）。面談時に現時点の年休取得日数を確認し、休業前までに5日取得できているか、取得できていないなら休業前までに取得するように本人と話しておきましょう。

2 制度の説明をしよう

個別周知・意向確認

　社員から、本人またはその配偶者が妊娠または出産(※養子縁組なども含みます)したという申出があった場合には、その社員に個別に制度の周知をし(個別周知)、育児休業等取得意思の確認(意向確認)をしなければなりません。

　2022年4月1日より「個別周知・意向確認」の措置が義務化されましたので、社員に制度などの説明ができるようにしましょう。

Check!　1　個別周知・意向確認の方法は?

以下4つのいずれかの方法で行います。
①面談(オンライン面談もOK)
②書面交付
③ファクシミリの送信
④電子メール等の送信(出力可能な場合に限る)
※③、④は社員が希望した場合のみ

Check! 2 個別周知の内容は？

以下の4つの内容は説明が必須です。

①育児休業・出生時育児休業に関する制度

②育児休業・出生時育児休業の申出先

③育児休業給付に関すること

④(出生児)育児休業期間中の社会保険料の取扱い

実務ポイント 説明用資料の作成

個別周知・意向確認については、Check1の①～④のいずれの方法であっても、資料がないと説明ができません。事前に社員説明用の資料を準備しておきましょう。

また、個別周知の内容として義務化されているのはCheck2の4項目しかありませんが、出産する女性社員に対しては妊娠・出産・産休についても制度の説明などができるような会社独自の資料を作成しましょう。特に会社規定の産休や育休が法定の制度を上回っているような場合は、違いにも注意して資料作成を行うことが必要になります。

（ダウンロード特典の「産休・育休の手引き」を自社用にアレンジしてご利用ください）

第2章

妊娠中に
気を付けることは？

1 妊娠中の業務は軽くする？

軽易な業務への転換

　妊娠中の女性から「請求」があった場合は、他の軽易な業務に転換させなければなりません。

Check!

　原則として女性が請求した業務に転換させることになりますが、適当な軽易な業務が無い場合には、新たに軽易な業務を創設して与える義務まではありません。ただし、軽易な業務の転換請求自体は有効ですので、負担の重い作業を免除したり、業務量を調整したりなどの対応は必要になります。

●「軽易な業務への転換」の具体例
・外勤営業職から内勤事務職へ転換
・本人が希望し、残業の多い部署から少ない部署へ異動
・在宅勤務中心に変更
など

妊産婦に対する有害業務等の就業制限

妊産婦(妊娠中の女性及び産後1年を経過しない女性)に対しては、「坑内業務」や「危険有害業務」について就業禁止や制限があります。

Check!

妊産婦は妊娠、出産、哺育、出産後の母体回復等に有害とされる業務には就かせてはならないため、業務内容によっては就業に注意が必要です。

● 妊産婦に対する就業制限等

種類	妊娠中	産後1年	一般女性	管理監督者である妊産婦
軽易な業務への転換	適用あり	-	-	左記とすべて同じ
坑内労働（人力掘削等業務）	×	×	×	
坑内管理監督業務等	×	申出により×	○	
重量物取扱い（断続30kg、継続20kg）有害物発散場所の業務	×	×	×	
削岩機等の与振動業務	×	×	○	
ボイラー取扱い、溶接その他の有害業務（21業務）	×	申出により×（地穴・高所業務は除く）	○	

19

妊産婦に対する労働時間制度の制限

妊産婦が「請求」した場合には、以下の変形労働時間制の下で就業させることができません。

①1カ月単位の変形労働時間制
②1年単位の変形労働時間制
③1週間単位の非定型的変形労働時間制

Check!

会社で上記①〜③の変形労働時間制が採用されていても、妊産婦から請求があれば労基法上の1日8時間及び1週40時間を超えて労働させることはできません。なお、変形労働時間制のひとつである「フレックスタイム制」については制限がありません。

妊産婦に対する時間外労働の制限

　妊産婦が「請求」した場合には、時間外労働・休日労働・深夜労働をさせること
はできません。

Check!

　妊産婦から請求があれば、36協定を締結していたとしても、時間外・休
日・深夜労働をさせてはならないということになります。

　また、妊産婦は時間外労働、休日労働、深夜労働のすべてについて就業
しないことを請求することもできますし、いずれかについて就業しない
ことを請求することもできます。

 実務ポイント　管理監督者の就業制限

　労基法41条2号に定める管理監督者は、労働時間・休憩・休日に関する規
定の適用は除外されているため、時間外労働や休日労働の概念がありません。
よって、妊産婦の管理監督者が、時間外労働・休日労働の免除を請求したと
しても会社は免除する義務はありません。ただし、深夜業だけは管理監督者
の適用がありますので、深夜業の免除を請求された場合には対応が必要です。

● 労働時間制度の適用

種類	妊産婦	一般女性	管理監督者である 妊産婦
変形労働時間制 (フレックスタイム制除く)	請求により×	○	－
時間外・休日労働	請求により×	○	－
深夜業	請求により×	○	請求により×

2 健診で定期的にお休みが必要です

保健指導・健康診査時間の確保

保健指導や健康診査(いわゆる妊婦健診)を受けるために必要な時間を与える必要があります。

Check!

妊婦健診の回数は以下のように決まっています。

妊娠23週まで‥‥‥1回/4週間
妊娠24週〜35週‥‥1回/2週間
妊娠36週〜出産‥‥1回/1週間
産後(1年以内)‥‥‥医師等の指示により必要な時間

健診を受けるための「必要な時間」が確保できればよいので、必ずしも丸一日のお休みを与える必要はありませんが、病院での待ち時間や往復時間も「必要な時間」に含まれます。

実務ポイント 妊婦健診中の給与は?

妊婦健診を受けている時間は無給としている会社が多く、実際は本人が年休などを利用していることが多いですが、会社によっては有給扱い(減算しない)にしていることもありますので、就業規則をチェックして案内してあげましょう。

保健指導等に基づく必要な措置

　保健指導や健康診査を受けた結果、医師により就業に関する制限や休業の指示などの指導が出た場合には、指導事項を守るための必要な措置を講じる必要があります。

Check!　　必要な「措置」とは何をすればよい？

　以下の3つが示されています。

①妊娠中の通勤緩和

　　→時差通勤や勤務時間の短縮

②妊娠中の休憩に関する措置

　　→休憩回数の増加や休憩時間の延長

③妊娠中または出産後の症状等に対応する措置

　　→作業の制限、勤務時間の短縮、休業

実務ポイント　母健カードの活用

　指導内容を的確に把握するためには「母性健康管理指導事項連絡カード（母健カード）」の利用が推奨されます。

出典：厚生労働省

母性健康管理指導事項連絡カード

事業主 殿

　　　　　　　　　　　　　　　　　　　年　　月　　日

医療機関等名 -

医師等氏名 -

下記の1の者は、健康診査及び保健指導の結果、下記2～4の措置を講ずることが必要であると認めます。

記

1. 氏名 等

氏名		妊娠週数		週	分娩予定日		年　　月　　日

2. 指導事項

症状等(該当する症状等を〇で囲んでください。)　　　　　　　　　指導事項(該当する指導事項欄に〇を付けてください。)

措置が必要となる症状等
つわり、妊娠悪阻、貧血、めまい・立ちくらみ、 腹部緊満感、子宮収縮、腹痛、性器出血、 腰痛、痔、静脈瘤、浮腫、手や手首の痛み、 頻尿、排尿時痛、残尿感、全身倦怠感、動悸、 頭痛、血圧の上昇、蛋白尿、妊娠糖尿病、 赤ちゃん(胎児)が週数に比べ小さい、 多胎妊娠(　　　　胎)、産後体調が悪い、 妊娠中・産後の不安・不眠・落ち着かないなど、 合併症等(　　　　　　　　　　　　　　　)

	標準措置	指導事項
休業	入院加療	
	自宅療養	
勤務時間の短縮		
作業の制限	身体的負担の大きい作業(注)	
	長時間の立作業	
	同一姿勢を強制される作業	
	腰に負担のかかる作業	
	寒い場所での作業	
	長時間作業場を離れることのできない作業	
	ストレス・緊張を多く感じる作業	

(注)　「身体的負担の大きい作業」のうち、特定の作業について制限の必要がある場合には、指導事項欄に〇を付けた上で、具体的な作業を〇で囲んでください。

標準措置に関する具体的内容、標準措置以外の必要な措置等の特記事項

3. 上記2の措置が必要な期間
(当面の予定期間に〇を付けてください。)

1週間(　　月　　日～　　月　　日)
2週間(　　月　　日～　　月　　日)
4週間(　　月　　日～　　月　　日)
その他(　　月　　日～　　月　　日)

4. その他の指導事項
(措置が必要である場合は〇を付けてください。)

妊娠中の通勤緩和の措置 (在宅勤務を含む。)	
妊娠中の休憩に関する措置	

指導事項を守るための措置申請書

　　　　　　　　　　　　　　　　　　　年　　月　　日

上記のとおり、医師等の指導事項に基づく措置を申請します。

所属 -

氏名 -

事業主 殿

1

この様式の「母性健康管理指導事項連絡カード」の欄には医師等が、また、「指導事項を守るための措置申請書」の欄には女性労働者が記入してください。

(参考)症状等に対して考えられる措置の例

症状名等	措置の例
つわり、妊娠悪阻	休業(入院加療)、勤務時間の短縮、身体的負担の大きい作業(長時間作業場を離れることのできない作業)の制限、においがきつい・換気が悪い・高温多湿などのつわり症状を増悪させる環境における作業の制限、通勤緩和、休憩の配慮　など
貧血、めまい・立ちくらみ	勤務時間の短縮、身体的負担の大きい作業(高所や不安定な足場での作業)の制限、ストレス・緊張を多く感じる作業の制限、通勤緩和、休憩の配慮　など
腹部緊満感、子宮収縮	休業(入院加療・自宅療養)、勤務時間の短縮、身体的負担の大きい作業(長時間の立作業、同一姿勢を強制される作業、長時間作業場所を離れることのできない作業)の制限、通勤緩和、休憩の配慮　など
腹痛	休業(入院加療)、疾患名に応じた主治医等からの具体的な措置　など
性器出血	休業(入院加療)、疾患名に応じた主治医等からの具体的な措置　など
腰痛	休業(自宅療養)、身体的に負担の大きい作業(長時間の立作業、同一姿勢を強制される作業、腰に負担のかかる作業)の制限　など
痔	身体的負担の大きい作業(長時間の立作業、同一姿勢を強制される作業)の制限、休憩の配慮　など
静脈瘤	勤務時間の短縮、身体的負担の大きい作業(長時間の立作業、同一姿勢を強制される作業)の制限、休憩の配慮　など
浮腫	勤務時間の短縮、身体的負担の大きい作業(長時間の立作業、同一姿勢を強制される作業)の制限、休憩の配慮　など
手や手首の痛み	身体的負担の大きい作業(同一姿勢を強制される作業)の制限、休憩の配慮　など
頻尿、排尿時痛、残尿感	休業(入院加療・自宅療養)、身体的負担の大きい作業(寒い場所での作業、長時間作業場を離れることのできない作業)の制限、休憩の配慮　など
全身倦怠感	休業(入院加療・自宅療養)、勤務時間の短縮、身体的負担の大きい作業の制限、休憩の配慮、疾患名に応じた主治医等からの具体的な措置　など
動悸	休業(入院加療・自宅療養)、身体的負担の大きい作業の制限、疾患名に応じた主治医等からの具体的な措置　など
頭痛	休業(入院加療・自宅療養)、身体的負担の大きい作業の制限、疾患名に応じた主治医等からの具体的な措置　など
血圧の上昇	休業(入院加療・自宅療養)、勤務時間の短縮、身体的負担の大きい作業の制限、ストレス・緊張を多く感じる作業の制限、疾患名に応じた主治医等からの具体的な措置　など
蛋白尿	休業(入院加療・自宅療養)、勤務時間の短縮、身体的負担の大きい作業の制限、ストレス・緊張を多く感じる作業の制限　など
妊娠糖尿病	休業(入院加療・自宅療養)、疾患名に応じた主治医等からの具体的な措置(インスリン治療中等への配慮)　など
赤ちゃん(胎児)が週数に比べ小さい	休業(入院加療・自宅療養)、勤務時間の短縮、身体的負担の大きい作業の制限、ストレス・緊張を多く感じる作業の制限、通勤緩和、休憩の配慮　など
多胎妊娠(胎)	休業(入院加療・自宅療養)、勤務時間の短縮、身体的負担の大きい作業の制限、ストレス・緊張を多く感じる作業の制限、通勤緩和、休憩の配慮　など
産後体調が悪い	休業(自宅療養)、勤務時間の短縮、身体的負担の大きい作業の制限、ストレス・緊張を多く感じる作業の制限、通勤緩和、休憩の配慮　など
妊娠中・産後の不安・不眠・落ち着かないamong	休業(入院加療・自宅療養)、勤務時間の短縮、ストレス・緊張を多く感じる作業の制限、通勤緩和、休憩の配慮　など
合併症等(自由記載)	疾患名に応じた主治医等からの具体的な措置、もしくは上記の症状名等から参照できる措置　など

3 体調不良で急遽お休みに なってしまった

傷病手当金

つわりがひどく出勤できなくなったり、切迫流産等のおそれがあり安静が必要な場合など、療養のため4日以上お休みしなければならなくなった場合は、「傷病手当金」の手続きを行います。

Check! 傷病手当金とは?

傷病手当金は業務外の事由による病気やけがで仕事を休んだ日が3日間(待期期間)連続した後、4日目以降の仕事に就けなかった日に健康保険から支給される給付です。自然分娩自体は病気ではありませんが、妊娠により生じる疾病(妊娠悪阻、切迫流産、切迫早産等)によって仕事に就けなかった場合は、支給対象となります。

Check! いくらもらえる?

直近1年間※の標準報酬月額の平均額の1/30	×	2/3	×	支給日数
1の位を四捨五入		小数点1位を四捨五入		

※被保険者期間が1年に満たない場合は、資格取得後の平均額か、(協会けんぽまたは所属健保組合の)全被保険者の平均額のいずれか低い額が基礎となります。

ただし、お休みの期間中に会社から報酬を受けている場合は、金額によって差額支給となるかまたは支給されません。

書類名

健康保険　傷病手当金支給申請書

提出先

保険者(協会けんぽ　または　健康保険組合)

手続きの流れ

①本人が医療機関に提出し、療養担当者の記入欄に医師等の証明をもらう

②本人が会社に提出し、会社が勤務状況や賃金を証明

③保険者に提出

添付書類

・出勤簿(タイムカード)のコピー

・賃金台帳のコピー　など

※保険者ごとに要確認

提出日

就業できなかった期間(申請期間)終了後に提出します。休業が長期間にわたる場合は、1カ月ごとに区切って提出することも可能です。時効は就業できなかった日ごとに2年ですが、書類が整ったら早めに提出しましょう。

 実務ポイント　証明の費用は？

傷病手当金支給申請書の証明費用については、原則本人負担ですが、「傷病手当金意見書交付料」として健康保険適用（3割負担）となっています。

被保険者証に記載されている記号・番号を記入します。

健康保険 傷病手当金 支給申請書

1 2 3 4 ページ　傷

被保険者記入用

被保険者が病気やケガのため仕事に就くことができず、給与が受けられない場合の生活保障として、給付金を受ける場合にご使用ください。
なお、記入方法および添付書類等については「記入の手引き」をご確認ください。

この申請書は、令和5年1月以降にご使用ください。

被保険者証	記号（左づめ）	番号（左づめ）	生年月日
	2 1 7 0 0 0 2 3 5 5		1.昭和 2.平成 3.令和　2　0 5 . 0 5 . 0 5

被保険者（申請者）情報

氏名（カタカナ）	シブ ヤ　ハナ

姓と名の間は1マス空けてご記入ください。濁点（゛）、半濁点（゜）は1字としてご記入ください。

氏名	渋谷 花

※申請者はお勤めされている（いた）被保険者です。
被保険者がお亡くなりになっている場合は、相続人よりご申請ください。

郵便番号（ハイフン除く）	1 5 0 0 0 0 0	電話番号（左づめハイフン除く）	0 3 8 7 6 5 4 3 2 1

住所	東京　都 道 府 県　渋谷区渋谷1丁目1番1号

振込先指定口座

振込先指定口座は、上記申請者氏名と同じ名義の口座をご指定ください。

金融機関名称	ABC	銀行　金庫　信組　農協　漁協　その他（　　）	支店名	渋谷　本店（支店）代理店 出張所 本店営業部　本所 支所

預金種別	1	普通預金	口座番号（左づめ）	1 1 1 1 1 1

ゆうちょ銀行の口座へお振り込みを希望される場合、支店名は3桁の漢数字を、口座番号は振込専用の口座番号（7桁）をご記入ください。
ゆうちょ銀行口座番号（記号・番号）ではお振込できません。

2ページ目に続きます。 >>>

被保険者証の記号番号が不明の場合は、被保険者のマイナンバーをご記入ください。
（記入した場合は、本人確認書類等の添付が必要となります。）　▶

社会保険労務士の提出代行者名記入欄	

以下は、協会使用欄のため、記入しないでください。

MN確認（被保険者）		1. 記入有（添付あり）2. 記入有（添付なし）3. 記入無（添付あり）						受付日付印
添付書類	職歴		1. 添付 2. 不備	年金		1. 添付 2. 不備	労災	1. 添付 2. 不備
	戸籍（法定代理）		1. 添付	口座証明		1. 添付		

(2022.10)

6 0 1 1 1 1 0 1		その他		1. その他	（理由）	枚数	

全国健康保険協会
協会けんぽ

1 / 4

申請者氏名と同じ名義の口座を記入します。結婚直後などで口座名義の変更が終わっていない場合は注意が必要です。

療養のため休んだ期間を待期期間（3日間）を含めて記入します。傷病手当金は継続した3日の待期期間の後、4日目以降の休業に対して支給されます。

具体的な仕事の内容を記載します。

健康保険 傷病手当金 支給申請書

1 **2** 3 4 ページ

（被保険者記入用）

被保険者氏名	渋谷 花

申請内容

① 申請期間（療養のために休んだ期間）

令和 | 0 5 | 年 | 0 4 | 月 | 0 1 | 日 から
令和 | 0 5 | 年 | 0 4 | 月 | 2 0 | 日 まで

② 被保険者の仕事の内容（退職後の申請の場合は、退職前の仕事の内容）

経理事務

③ 傷病名

■ 療養担当者記入欄（4ページ）に記入されている傷病による申請である場合は、左記に☑を入れてください。
別傷病による申請を行う場合は、別途の傷病に対する療養担当者の証明を受けてください。

④ 発病・負傷年月日

2 | 1.平成 2.令和 | 0 5 | 年 | 0 3 | 月 | 3 1 | 日

⑤ ⑤-1 傷病の原因

1 | 1. 仕事中以外（業務外）での傷病
2. 仕事中（業務上）での傷病 ┐
3. 通勤途中での傷病 ┘ ➡ ⑤-2へ

⑤-2 労働災害、通勤災害の認定を受けていますか。

2 | 1. はい
2. 請求中（_____労働基準監督署）
3. 未請求

⑥ 傷病の原因は第三者の行為（交通事故やケンカ等）によるものですか。

2 | 1. はい
2. いいえ

「1. はい」の場合は、別途「第三者行為による傷病届」をご提出ください。

請求事項

① 報酬 ①-1 申請期間（療養のために休んだ期間）に報酬を受けましたか。

1 | 1. はい ➡ ①-2へ
2. いいえ

①-2 ①-1を「はい」と答えた場合、受けた報酬は事業主証明欄に記入されている内容のとおりですか。

1 | 1. はい
2. いいえ ➡ 事業主へご確認のうえ、正しい証明を受けてください。

② 年金受給 ②-1 障害年金、障害手当金について
今回傷病手当金を申請するものと同一の傷病で「障害厚生年金」または「障害手当金」を受給していますか。（同一の傷病で障害年金を受給している場合は、傷病手当金の額を調整します）

2 | 1. はい ➡ ②-3へ
2. いいえ

「1. はい」の場合

②-2 老齢年金等について
※退職後の継続給付の場合の申請は、傷病手当金を申請する場合はご記入ください。
老齢または退職を事由とする公的年金を受給していますか。（公的年金を受給している場合は、傷病手当金の額を調整します）

2 | 1. はい ➡ ②-3へ
2. いいえ

「1. はい」の場合

②-3 ②-1または②-2を「はい」と答えた場合のみ、ご記入ください。

基礎年金番号 | [　　　　　] - [　　　]
年金コード | [　　　　]
支給開始年月日 | 1.平成 2.令和 | [　]年[　]月[　]日
年金額 | [　　　　　] 円（右づめ）

③ 労災補償 今回の傷病手当金を申請する期間において、別傷病により、労災保険から休業補償給付を受給していますか。

3 | 1. はい
2. 請求中（_____労働基準監督署）「2. 請求中」の場合
3. いいえ

『健康保険傷病手当金支給申請書記入の手引き』をご確認ください。

「事業主記入用」は3ページ目に続きます。 ≫≫

6 0 1 2 1 1 0 1

🍀 全国健康保険協会
協会けんぽ

(2 / 4)

このケースは一部報酬の支払いがあるため、1.「はい」を選択しています。

健康保険 傷病手当金 支給申請書

1 2 **3** 4 ページ

事業主記入用

労務に服することができなかった期間を含む賃金計算期間の勤務状況および賃金支払い状況等をご記入ください。

被保険者氏名 （カタカナ）	シ フ ゛ ヤ ハ ナ

姓と名の間は1マス空けてご記入ください。濁点（゛）、半濁点（゜）は1字としてご記入ください。

勤務状況 2ページの申請期間のうち出勤した日付を【〇】で囲んでください。「年」「月」については出勤の有無に関わらずご記入ください。

令和	0 5 年	0 4 月	1 2 3 4 5 6 7 8 9 10 11 12 13 14 15 16 17 18 19 20 21 22 23 24 25 26 27 28 29 30 31
令和	年	月	1 2 3 4 5 6 7 8 9 10 11 12 13 14 15 16 17 18 19 20 21 22 23 24 25 26 27 28 29 30 31
令和	年	月	1 2 3 4 5 6 7 8 9 10 11 12 13 14 15 16 17 18 19 20 21 22 23 24 25 26 27 28 29 30 31

2ページの申請期間のうち、出勤していない日（上記【〇】で囲んだ日以外の日）に対して、報酬等（※）を支給した日がある場合は、支給した日と金額をご記入ください。

※有給休暇の場合の賃金、出勤febの有無に関わらず支給している手当（扶養手当・住宅手当等）、食事・住居等現物支給しているものも含む

事業主が証明するところ

例 令和	0 5 年 0 2 月 0 1 日	から	0 5 年 0 2 月 2 8 日	3 0 0 0 0	円
① 令和	0 5 年 0 4 月 0 1 日	から	0 5 年 0 6 月 3 0 日	3 0 0 0 0	円
② 令和	0 5 年 0 4 月 0 3 日	から	0 5 年 0 4 月 0 3 日	1 0 0 0 0	円
③ 令和	年 月 日	から	年 月 日		円
④ 令和	年 月 日	から	年 月 日		円
⑤ 令和	年 月 日	から	年 月 日		円
⑥ 令和	年 月 日	から	年 月 日		円
⑦ 令和	年 月 日	から	年 月 日		円
⑧ 令和	年 月 日	から	年 月 日		円
⑨ 令和	年 月 日	から	年 月 日		円
⑩ 令和	年 月 日	から	年 月 日		円

上記のとおり相違ないことを証明します。

事業所所在地	東京都目黒区目黒1丁目1番1号	令和 0 5 年 0 5 月 2 5 日
事業所名称	株式会社 目黒商事	
事業主氏名	代表取締役 目黒 梅子	
電話番号	0312345678	

6 0 1 3 1 1 0 1

「療養担当者記入用」は4ページ目に続きます。>>>

全国健康保険協会
協会けんぽ

(3／4)

申請期間中に報酬等が支払われた場合にはその期間と金額を記入します。
このケースでは
①4月から6月までの3カ月の通勤定期代30,000円を出勤していない日にも減算せずに支給
②待期期間中の4月3日に年次有給休暇を取得のため、支給された金額を記載しています。

傷病手当金の支給対象の日に報酬の支払いがある場合には、手当金の額について調整が行われます。

30

健康保険 傷病手当金 支給申請書

1 2 3 **4** ページ

（療養担当者記入用）

患者氏名 （カタカナ）	シ ブ ヤ　ハ ナ

姓と名の間は1マス空けてご記入ください。濁点（゛）、半濁点（゜）は1字としてご記入ください。

療養担当者が意見を記入するところ

労務不能と認めた期間 （勤務先での従前の労務に服することができない期間をいいます。）	令和 0 5 年 0 4 月 0 1 日 から 令和 0 5 年 0 4 月 2 0 日 まで
傷病名 （労務不能と認めた傷病をご記入ください）	妊娠悪阻	初診日 （療養の給付の開始年月日）	2 1.平成 2.令和 0 5 年 0 3 月 3 1 日
発病または負傷の原因	不詳		
発病または負傷の年月日	2 1.平成 2.令和 0 5 年 0 3 月 3 1 日		
労務不能と認めた期間に診療した日がありましたか。	1 1.はい 2.いいえ		
上記期間中における「主たる症状及び経過」「治療内容、検査結果、療養指導」等	嘔吐や頭痛、めまいが酷く、立ち上がることが困難。 安静にすることが必要なため、労務不能と判断した。		

上記のとおり相違ないことを証明します。

令和 0 5 年 0 5 月 1 0 日

医療機関の所在地	東京都千代田区千代田1丁目1番1号
医療機関の名称	千代田総合病院
医師の氏名	千代田 百合
電話番号	0344445555

6 0 1 4 1 1 0 1

全国健康保険協会
協会けんぽ

（4 / 4）

限度額適用認定証

　妊娠時の休業によって入院が必要になったり、帝王切開による出産が予定されているなどで医療費が高額になりそうなときは、「限度額適用認定証」の申請を行います。

Check!

　窓口での支払いが高額になった場合は、あとから申請することにより自己負担限度額を超えた額が払い戻される「高額療養費」の制度があります。一旦は支払い時に大きな負担となりますが、「限度額適用認定証」を医療機関に提示すれば、1カ月（1日〜末日）の支払いが高額療養費の自己負担限度額（所得によって5つの区分があります）までとすることができます。これによって、窓口での高額な支払いをする必要が無くなります。

● 健康保険の自己負担限度額（70歳未満の場合）

所得区分	自己負担限度額
① 区分ア 　（標準報酬月額83万円以上の方） 　（報酬月額81万円以上の方）	252,600円＋ 　（総医療費※1－842,000円） 　×1％
② 区分イ 　（標準報酬月額53万〜79万円の方） 　（報酬月額51万5千円以上〜81万円未満の方）	167,400円＋ 　（総医療費※1－558,000円） 　×1％
③ 区分ウ 　（標準報酬月額28万〜50万円の方） 　（報酬月額27万円以上〜51万5千円未満の方）	80,100円＋ 　（総医療費※1－267,000円） 　×1％
④ 区分エ 　（標準報酬月額26万円以下の方） 　（報酬月額27万円未満の方）	57,600円
⑤ 区分オ 　（低所得者） 　（被保険者が市区町村民税の非課税者等）	35,400円

※1　総医療費とは保険適用される診察費用の総額（10割）です。

出典：全国健康保険協会

書類名

健康保険　限度額適用認定申請書

提出先

保険者(協会けんぽ　または　健康保険組合)

手続きの流れ

①本人または会社が保険者に事前申請

②保険者が「限度額適用認定証」を交付

③本人が健康保険証とともに医療機関に提示

添付書類

特に不要

提出日

入院などする前に申請します(入院時に提示を求められますが、病院によっては退院時までに準備すればよい場合もあります)。申請書受付月の前の月の分の交付はできないため、急な入院などの場合は早急に申請しましょう。

 **実務ポイント**　オンライン資格確認

　マイナンバーカードによるオンライン資格確認を導入している医療機関であれば、限度額適用認定証の準備が不要になります。ただし医療機関によりますので、事前に確認しましょう。

記入例　「健康保険　限度額適用認定申請書」

被保険者証に記載されている記号・番号を記入します。

健康保険 限度額適用認定 申請書 （限）

この申請書は、令和5年1月以降にご使用ください。

入院等で医療費が自己負担限度額を超えそうな場合にご使用ください。なお、記入方法および添付書類等については「記入の手引き」をご確認ください。

被保険者情報

被保険者証	記号（左づめ） 2 1 7 0 0 0 2 3	番号（左づめ） 3 5 5	生年月日 2 (1.昭和 2.平成 3.令和) 0 5 年 0 5 月 0 5 日

氏名（カタカナ）	シ ブ ヤ ハ ナ

姓と名の間は1マス空けてご記入ください。濁点（"）、半濁点（゜）は1字としてご記入ください。

氏名	渋谷 花

郵便番号（ハイフン除く）	1 5 0 0 0 0 0	電話番号（左づめハイフン除く）	0 3 8 7 6 5 4 3 2 1

住所	東京 （都）道 府県　渋谷区渋谷1丁目1番1号

認定対象者欄

氏名（カタカナ）	シ ブ ヤ ハ ナ

姓と名の間は1マス空けてご記入ください。濁点（"）、半濁点（゜）は1字としてご記入ください。

生年月日	2 (1.昭和 2.平成 3.令和) 0 5 年 0 5 月 0 5 日

送付希望先欄

上記被保険者情報に記入した住所と別の住所に送付を希望する場合にご記入ください。

郵便番号（ハイフン除く）	1 5 2 0 0 0 0	電話番号（左づめハイフン除く）	0 3 1 2 3 4 5 6 7 8

住所	東京 （都）道 府県　目黒区目黒1丁目1番1号

宛名	株式会社 目黒商事 人事部

申請代行者欄

被保険者以外の方が申請する場合にご記入ください。

氏名		被保険者との関係	
電話番号（左づめハイフン除く）		申請代行の理由	1.被保険者本人が入院中で外出できないため 2.その他（　　　）

備考	

被保険者証の記号番号が不明の場合は、被保険者のマイナンバーをご記入ください。
（記入した場合は、本人確認書類等の添付が必要となります。）　▶

社会保険労務士の提出代行者名記入欄	

—— 以下は、協会使用欄のため、記入しないでください。 ——

MN確認（被保険者）	1.記入有（添付あり） 2.記入有（添付なし） 3.記入無（添付あり）	同時申請	1.資格取得		1.被扶養者異動届		1.被保険者変更訂正

| 2 3 0 1 1 1 0 1 | | その他 | 1.その他（理由：　） 2.処理済 | | 枚数 | | |

受付日付印

(2022.10)

全国健康保険協会 協会けんぽ

1 / 1

本人が入院などで自宅での受け取りができず、受け取り先を会社などにする場合にはこちらに送付先の住所を記入します。

会社などが本人に代わって申請をすることも可能です。その場合は「申請代行者欄」に情報を記入します。

第3章

産休ってどんな制度？

1

出産前後にどれくらい休める？

産前産後休業の期間

　産前6週間(42日)※、産後8週間(56日)は産前産後の休業期間とされ、出産する女性はお休みできる権利があります。

　※多胎妊娠の場合は産前が14週間(98日)です。

Check!

　産前の6週間は、出産予定の女性が「請求」した場合は就業させることができません。逆にいえば、「請求」が無い場合(本人が働きたい場合)は出産予定日ギリギリまで働くことが可能です。

　一方、産後の8週間は請求の有無にかかわらず、就業させることができません(禁止です)。ただし、産後6週間を経過した女性が「請求」した場合で、医師が支障がないと認めた業務に就かせることは可能です。

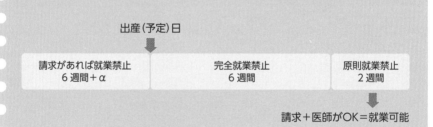

出産(予定)日

請求があれば就業禁止 6週間＋α	完全就業禁止 6週間	原則就業禁止 2週間

請求＋医師がOK＝就業可能

 実務ポイント 出産予定日の確認

　産前6週間の期間は出産予定日を基準に計算します。この出産予定日とは自然の分娩予定日のことを指します。計画分娩で帝王切開を行う予定が決まっている場合に、帝王切開の予定日（自然の分娩予定日より早い日）を申し出るケースもありますので、注意して確認しましょう。

 実務ポイント 出産日は産前？産後？

　出産日は産前に含まれます。出産が予定日より遅れた場合は、実出産日までが産前休業となります。よって、遅れた場合は産前休業が長くなり、早まった場合は産前休業が短くなります（※注）。一方、産後休業は、実出産日の翌日から起算して8週間と固定された期間です。

※注　上記は労働基準法上の産前休業の考え方です。産前産後休業期間中の社会保険料の免除や出産手当金の対象期間の考え方については扱いが異なりますので、第3章[2]をご確認ください。

2

産休中のお金はどうなる？①

産前産後休業期間中の社会保険料免除

　産前産後休業期間中は、申し出ることによって社会保険料（健康保険料、介護保険料：40歳以上、厚生年金保険料）が免除になります。

Check!

　産休中の社会保険料免除は、届出をすることによって産前産後休業期間中のうち、月末が含まれる月の社会保険料が本人分・会社分ともに免除となる制度です。

　一方、雇用保険料は免除の制度はありませんが、産休中の給与が無給の場合は当然0円です（産休中に給与の支給がある場合は、給与に対して定率の雇用保険料が徴収されます）。

具体的には、産休開始月から産休終了日の翌日の属する月の前月まで**免除**
例）　出産（予定）日：7/20　　　産休：6/9 ～ 9/14　　の場合
　　⇒　**6月分〜8月分まで免除**（7月給与控除分〜9月給与控除分まで免除）

書類名

健康保険・厚生年金保険　産前産後休業取得者申出書

提出先

健康保険：協会けんぽ　または　健康保険組合

厚生年金：日本年金機構（事務センター）

※協会けんぽの場合は日本年金機構に提出

手続きの流れ

会社が必要事項を記載し、各保険者に提出

※本人の作業は特にありません

添付書類

なし

提出日

産前産後休業期間中または産後休業終了後1カ月以内

実務ポイント　提出は出産前、出産後どちらがよい？

出産予定日前に提出し、実出産日と予定日が異なる場合は、「変更届」の提出が必要になりますので、2回提出することになります。出産後の提出であれば産休期間が確定しますので、1回のみの提出で済みます。ただし、提出が遅くなると社会保険料の請求も止まりませんので、提出後に遡及してまとめて請求額が調整されることになります。会社の都合に応じて提出して構いません。

 実出産日が早まり、免除期間が前倒しになるケース

　実出産日が早まった場合は、その実出産日を基準に産前の期間を再計算（前倒し）することが可能です。ただし、当初の産休開始日前から欠勤、年休、休日等で就業していない場合に限ります。その結果、月をまたぐ場合は産前の免除期間が1カ月増えることになります（下図表参照）。第3章［1］の労基法の産前休業の期間とは異なる考え方です。産前休業に入る前の最終出勤日を確認しておくとよいでしょう。

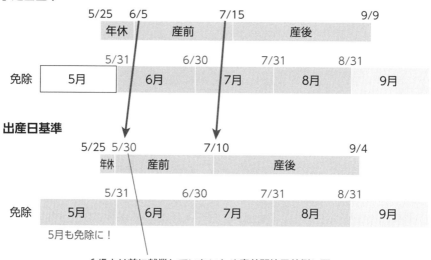

記入例「産前産後休業取得者申出書」

出産前に提出する場合

申出書は、産前産後休業期間中または、産前産後休業終了日から起算して1カ月以内の期間に提出してください。

②健保組合提出用には記載不要です。

②基礎年金番号（10桁）を記載する場合は左詰めで記載します。

様式コード 2 7 3

健康保険 厚生年金保険　産前産後休業取得者申出書/変更（終了）届

令和　　年　　月　　日提出

提出者記入欄

事業所整理記号　64-メモラ

〒152-0000
東京都目黒区目黒1丁目1番1号

事業所名称　株式会社　目黒商事

事業主氏名　代表取締役　目黒　梅子

電話番号　03（1234）5678

受付印

社会保険労務士記載欄

氏名等

新規申出の場合は共通記載欄に必要項目を記入してください。
変更・終了の場合は、共通記載欄に産前産後休業取得時に提出いただいた内容を記入のうえ、A変更・B終了の必要項目を記入してください。

共通記載欄（取得申出）

| 被保険者整理番号 | 55 | 個人番号[基礎年金番号] | 1 2 3 4 5 6 7 8 9 0 1 2 |

被保険者氏名　(氏) 渋谷　(名) 花
被保険者生年月日　5.昭和 7.平成 9.令和　0 5 0 5 0 5

⑤出産予定年月日　9.令和　0 5 0 6 0 6
出産種別　0.単胎 1.多胎　（0.単胎）

⑦産前産後休業開始年月日　9.令和　0 5 0 4 2 6
産前産後休業終了予定年月日　9.令和　0 5 0 8 0 1

※出産予定の子の人数が2人（双子）以上の場合は「1.多胎」を〇で囲んでください。

※出産後、この申出書を出産後に提出する場合のみ記入してください。

⑨出産年月日　9.令和

備考

出産（予定）日・産前産後休業終了（予定）日を変更する場合　※必ず共通記載欄も記入してください。

A 変更
変更後の出産（予定）年月日　9.令和
変更後の出産種別　0.単胎 1.多胎
産前産後休業開始年月日　9.令和
産前産後休業終了予定年月日　9.令和

※出産予定の子の人数が2人（双子）以上の場合は「1.多胎」を〇で囲んでください。

予定より早く産前産後休業を終了した場合　※必ず共通記載欄も記入してください。

B 終了
産前産後休業終了年月日　9.令和

○ 産前産後休業期間とは、出産日以前42日（多胎妊娠の場合は98日）～出産日後56日の間に、妊娠または出産を理由として労務に従事しない期間のことです。

○ この申出書を出産予定日より前に提出された場合で、実際の出産日が予定日と異なった場合は、再度『産前産後休業取得者変更届』（当届書の「共通記載欄」と「A変更」欄に記入）を提出してください。休業期間の基準日である出産年月日がずれることで、開始・終了年月日が変更になります。

○ 産前産後休業取得申出時に記載した終了予定年月日より早く休業を終了した場合は、『産前産後休業終了届』（当届書の「共通記載欄」と「B終了」欄に記入）を提出してください。

○ 保険料が免除となるのは、産前産後休業開始日の属する月分から、終了日翌日の属する月の前月分までとなります。

出産後の提出の場合は、⑤出産予定年月日も⑨出産年月日も必ず記入します。

⑦、⑧出産前の場合は、出産予定日に基づく産前産後休業の開始・終了年月日を記入します。出産後の場合は、実出産日に基づく日付を記入します。

出産後に「変更届」として提出する場合

申出書は、産前産後休業期間中または、産前産後休業終了日から起算して1カ月以内の期間に提出してください。

「変更届」として使用する場合には、共通記載欄に当初の申出内容もすべて記入します。

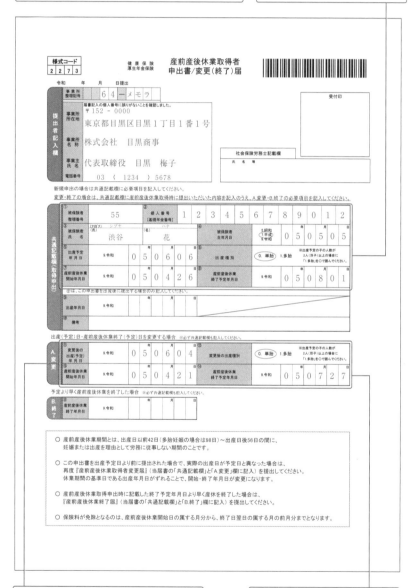

※出産前に提出した場合は、予定日通りの出産以外は必ず変更届の提出が必要になります。

⑬、⑭実出産日に基づく産前産後休業開始・終了年月日を記入します。

3

産休中のお金はどうなる？②

出産手当金

　産前産後休業中は無給であることが多いですが、生活保障として産前産後の休業した日について、「出産手当金」が健康保険から支給されます。

Check!　　出産手当金とは？

　出産手当金は、出産（予定）日以前42日間（多胎妊娠の場合98日間）、出産日の翌日以後56日間のうち、労務に服さなかった日について健康保険から支給される給付金です。出産予定日より遅れて出産した場合はその分給付を受けられる日数が増えます。

出産予定日より遅れて出産した場合

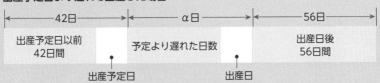

←42日→	←α日→	←56日→
出産予定日以前42日間	予定より遅れた日数	出産日後56日間
出産予定日	出産日	

　「労務に服さなかった」ことが支給の条件ですので、就業した場合は、たとえ短時間であってもその日については支給されません。また、生活保障が目的ですので、就業していなくても産休中に給与が支給される場合は、出産手当金の全部または一部が支給されません。

いくらもらえる？

出産手当金の支給額の計算方法は、第2章[3]の傷病手当金と同じです。

直近１年間※の標準報酬月額の平均額の1/30	×	2/3	×	支給日数
１の位を四捨五入		小数点１位を四捨五入		

※被保険者期間が１年に満たない場合は、資格取得後の平均額か、(協会けんぽまたは所属健保組合の)全被保険者の平均額のいずれか低い額が基礎となります。

書類名

健康保険　出産手当金支給申請書

提出先

保険者(協会けんぽ　または　健康保険組合)

手続きの流れ

①本人が医療機関に提出し、医師または助産師に証明をもらう

②本人が会社に提出し、会社が勤務状況や賃金を証明

③保険者に提出

添付書類

・出勤簿(タイムカード)のコピー

・賃金台帳のコピー　など

※保険者ごとに要確認

提出日

産後休業期間が終わってから提出します。

産前分・産後分などに分けて提出することも可能です。1回目の提出が出産後で医師または助産師の証明により出産日等が確認できれば、2回目以降の提出時には医師・助産師の証明は不要です。

時効は、労務に服さなかった日ごとに2年間です。

 **実務ポイント** **申請書は産休前に渡しておきましょう**

実際の提出は産後休業終了後ですが、申請書には医師・助産師の証明が必要であり、病院によっては支給申請書への証明の記載に一定の期間を要する場合もあります。産休前に本人に申請書を渡しておき、出産入院時に本人が病院に提出しておくとスムーズでしょう。

健康保険 出産手当金 支給申請書

被保険者記入用 | 1 2 3 ページ | 手

被保険者本人が出産のため会社を休み、その間の給与の支払いを受けられない場合の生活保障として、給付金を受ける場合にご使用ください。なお、記入方法および添付書類等については「記入の手引き」をご確認ください。

被保険者・申請者情報

被保険者証	記号（左づめ）	番号（左づめ）	生年月日
	2 1 7 0 0 0 2 3 5 5		2 3.令和 2.平成 1.昭和　05年 05月 05日

氏名（カタカナ）	シブヤ ハナ

姓と名の間は1マス空けてご記入ください。濁点（ ゛）、半濁点（ ゜）は1字としてご記入ください。

氏名	渋谷　花

※申請者はお勤めされている（いた）被保険者です。
被保険者がお亡くなりになっている場合は、
相続人よりご申請ください。

郵便番号（ハイフン除く）	1 5 0 0 0 0 0	電話番号（左づめハイフン除く）	0 3 8 7 6 5 4 3 2 1

住所	東京 郵道府県	渋谷区渋谷1－1－1

振込先指定口座

振込先指定口座は、上記申請者氏名と同じ名義の口座をご指定ください。

金融機関名称	ＡＢＣ	銀行 金庫 信組 農協 漁協 その他（ ）	支店名	渋谷	本店 支店 代理店 出張所 本店営業部 本所 支所

預金種別	1	普通預金	口座番号（左づめ）	1 1 1 1 1 1 1

ゆうちょ銀行の口座へお振り込みを希望される場合、支店名は3桁の漢数字を、口座番号は振込専用の口座番号（7桁）をご記入ください。
ゆうちょ銀行口座番号（記号・番号）ではお振込できません。

「被保険者・医師・助産師記入用」は2ページ目に続きます。 >>>

被保険者証の記号番号が不明の場合は、被保険者のマイナンバーをご記入ください。
（記入した場合は、本人確認書類等の添付が必要となります。） ▶

社会保険労務士の提出代行者名記入欄	

以下は、協会使用欄のため、記入しないでください。

MN確認（被保険者）	1. 記入有（添付あり） 2. 記入有（添付なし） 3. 記入無（添付あり）

添付書類	職歴		1.添付 2.不備	戸籍（法定代理）		1.添付	口座証明		1.添付

その他		1.その他	（理由）

6 1 1 1 1 1 0 1		枚数	

全国健康保険協会
協会けんぽ

(2023.3)

1／3

出産のために休んだ期間（年休や公休日も含みます）を記入します。

出産後の申請の場合は、出産予定日と出産年月日の両方を記入します。

健康保険 出産手当金 支給申請書

1 **2** 3 ページ

被保険者・医師・助産師記入用

被保険者氏名　渋谷 花

申請内容

① 申請期間（出産のために休んだ期間）
令和 05 年 04 月 21 日 から 令和 05 年 07 月 27 日

② 今回の出産手当金の申請は、出産前の申請ですか、出産後の申請ですか。　2
1. 出産前
2. 出産後

③-1 出産予定日　令和 05 年 06 月 06 日

③-2 出産年月日（出産後の申請の場合はご記入ください。）　令和 05 年 06 月 01 日

④-1 出生児数　1 人　　出産前の申請の場合、予定の出生児数をご記入ください。

④-2 死産児数　　　人

⑤-1 申請期間（出産のために休んだ期間）に報酬を受けましたか。　2
1. はい　➡ ⑤-2 へ
2. いいえ

⑤-2 受けた報酬は事業主証明欄に記入されている内容のとおりですか。
1. はい
2. いいえ　➡ 事業主へご確認のうえ、正しい証明を受けてください。

医師・助産師による証明

出産者氏名（カタカナ）　シブヤ　ハナ
姓と名の間は1マス空けてご記入ください。濁点（゛）、半濁点（゜）は1字としてご記入ください。

出産予定日　令和 05 年 06 月 06 日

出産年月日　令和 05 年 06 月 01 日

出生児数　1 人　　出産前の申請の場合、予定の出生児数をご記入ください。

死産児数　　　人

死産の場合の妊娠日数　　　日

上記のとおり相違ないことを証明します。
医療施設の所在地　東京都千代田区千代田１－１－１
医療施設の名称　千代田総合病院
医師・助産師の氏名　千代田 百合
電話番号　03-4444-5555
令和 05 年 06 月 05 日

「事業主記入用」は3ページ目に続きます。

6 1 1 2 1 1 0 1

全国健康保険協会　協会けんぽ　（2／3）

医師または助産師による証明が必ず必要です。

健康保険 出産手当金 支給申請書

1 2 3 ページ

事業主記入用

労務に服さなかった期間（申請期間）の勤務状況および賃金支払い状況等をご記入ください。

| 被保険者氏名（カタカナ） | シ フ ヤ ハ ナ |

姓と名の間は1マス空けてご記入ください。濁点（゛）、半濁点（゜）は1字としてご記入ください。

勤務状況 2ページの申請期間のうち、出勤した日付を【〇】で囲んでください。「年」「月」については出勤の有無に関わらずご記入ください。

令和	0 5	年	0 4	月	1 2 3 4 5 6 7 8 9 10 11 12 13 14 15
					16 17 18 19 20 21 22 23 24 25 26 27 28 29 30 31
令和	0 5	年	0 5	月	1 2 3 4 5 6 7 8 9 10 11 12 13 14 15
					16 17 18 19 20 21 22 23 24 25 26 27 28 29 30 31
令和	0 5	年	0 6	月	1 2 3 4 5 6 7 8 9 10 11 12 13 14 15
					16 17 18 19 20 21 22 23 24 25 26 27 28 29 30 31
令和	0 5	年	0 7	月	1 2 3 4 5 6 7 8 9 10 11 12 13 14 15
					16 17 18 19 20 21 22 23 24 25 26 27 28 29 30 31
令和		年		月	1 2 3 4 5 6 7 8 9 10 11 12 13 14 15
					16 17 18 19 20 21 22 23 24 25 26 27 28 29 30 31

2ページの申請期間のうち、出勤していない日（上記【〇】で囲んだ日以外の日）に対して、報酬等（※）を支給した日がある場合は、支給した日と金額をご記入ください。
※育児休暇の場合の賃金、出勤等の有無に関わらず支給している手当（扶養手当・住宅手当等）、食事・住居等現物支給しているもの等

事業主が証明するところ

例	0 5 年 0 2 月 0 1 日	から	0 5 年 0 2 月 2 8 日		3 0 0 0 0 0 円
①	令和 年 月 日	から	年 月 日		円
②	令和 年 月 日	から	年 月 日		円
③	令和 年 月 日	から	年 月 日		円
④	令和 年 月 日	から	年 月 日		円
⑤	令和 年 月 日	から	年 月 日		円
⑥	令和 年 月 日	から	年 月 日		円
⑦	令和 年 月 日	から	年 月 日		円
⑧	令和 年 月 日	から	年 月 日		円
⑨	令和 年 月 日	から	年 月 日		円
⑩	令和 年 月 日	から	年 月 日		円

上記のとおり相違ないことを証明します。

事業所所在地	東京都目黒区目黒１－１－１		令和 0 5 年 0 8 月 0 5 日
事業所名称	株式会社目黒商事
事業主氏名	代表取締役　目黒　梅子
電話番号	03-1234-5678

6 1 1 3 1 1 0 1

全国健康保険協会
協会けんぽ

(3 / 3)

48

4 産休に入る前に確認しよう

給与に関する手続き

　産休・育休中の給与は無給とする会社が多いですが、有給（一部有給）の会社もあります。会社の規定（給与規程等）で取扱いを確認して、特に休業中が無給の場合は、給与関係の事務が滞らないように準備が必要です。

Check! 1 住民税はどうなる？

　給与天引き（特別徴収）していた住民税については、給与が無給になると徴収できなくなりますので、以下のいずれかの方法で対応します。

①本人が直接納付する「普通徴収」に切り替える
→「給与支払報告・特別徴収に係る給与所得者異動届出書」を会社から該当の市区町村へ提出します。

②本人から会社へ振り込んでもらう
→会社の口座を伝えて、期限を指定し、振り込んでもらいます。振込手数料がかかります。

③会社が立て替えて復帰後に返済してもらう
→産休・育休と長期間にわたる場合は、立て替え金額が大きくなる場合もあります。復帰後に返済計画を立てます（給与から○回払い、賞与で一括支払いなど）。

Check! 2 給与から天引き（控除）していた項目の確認

　給与からは財形貯蓄、従業員持株会への拠出、確定拠出年金のマッチング拠出、生命保険料など、さまざまな項目が天引きされている場合があります。持株会や金融機関等に中断等の手続きを行う必要がありますので、以下の内容を確認して本人に案内しましょう。

①会社から連絡するか、本人から連絡するか？
②いつまでに手続きを行う必要があるか？

実務ポイント　給与の減算方法確認

　月給制で月の途中からの休業で無給になる場合、どのように給与を減算するか確認が必要です。第3章[3]の出産手当金の計算にも影響します。

①日割り減算をするかしないか？
　→基本給は日割りするが、手当（住宅手当など）は日割りしないなどの場合もあります。

②日割りする場合、暦日数で日割りか、所定労働日数（営業日数）で日割りか？

③前払いの通勤交通費（定期代）はどのように精算するか？
　→複数月定期の場合、月単位で精算か日割りで精算か、あるいは精算しない場合もあります。

第4章

赤ちゃんが生まれたら

1

会社に連絡をもらいましょう

出生の届出

　赤ちゃんが生まれたら、なるべく早めに会社に連絡をもらえるように、事前に伝えておきます。赤ちゃんの名前が決まったら「出生届」等を提出してもらいます。

Check!

　「出生届」を提出してもらうことにより、出生日や名前を確認します。実際の出生日が起点となって産後休業が確定するなど、さまざまな手続きに影響します。また、第5章 [11] の育児休業給付金を申請予定の場合は、出生に関する証明(母子手帳の出生届出済証明欄のコピーなど)も併せて受領しておくと今後の手続きに有用です。

実務ポイント　名前のフリガナ

　「出生届」には、漢字氏名だけではなく必ずフリガナも記載してもらいましょう。第5章 [9] の社会保険料免除の届出には、赤ちゃんの氏名・フリガナの記載が必須です。出生証明として母子手帳の写しを受け取っていても、出生届出済証明欄にはフリガナの記載が無いためです。

出典：厚生労働省

＜この欄は手帳を受け取ったらすぐに自分で記入してください。＞

	続 柄	氏 名 （ふりがな）	生 年 月 日 （ 年 齢 ）	職 業
子 の 保 護 者	母 （妊婦）		年　　月　　日生（　　歳）	
	父		年　　月　　日生（　　歳）	
			年　　月　　日生（　　歳）	
	居住地	電話		
		電話		
		電話		

出 生 届 出 済 証 明

子 の 氏 名	男・女
出生の場所	都道府県　　　　　　　　市区町村
出生の年月日	年　　　　　月　　　　　日

上記の者については
出生の届出があったことを証明する。　　　年　　　　月　　　　日

　　　　　　市区町村長　　　　　　　　　　　　印

※赤ちゃんが生まれたら14日以内に出生届をして、同時に上欄に出生届出
　済の証明を受けてください。

第4章　赤ちゃんが生まれたら

53

2 出産に伴う社内手続きを確認しよう

出産後の社内手続き

「出生届」を受領したら、会社で必要な作業を確認します。

①慶弔見舞金の対象の場合：出産祝い金の支給

②家族(扶養)手当の対象の場合：手当の支給
　（無給の場合は給与支給再開後に手続き）

③税法上の扶養親族にする場合：
　「給与所得者の扶養控除等(異動)申告書」の住民税に関する事項欄の『16歳
　未満の扶養親族』に記載します。

④健康保険の被扶養者にする場合：
　「被扶養者(異動)届」の提出をします。

健康保険　被扶養者（異動）届

子の保険証をもらうために、「健康保険　被扶養者(異動)届」を提出します。

Check!

　子が被保険者に主として生計を維持されている場合、健康保険の被扶養者として認定され、健康保険証が発行されます。ただし、夫婦共働きの場合は、原則として収入の多い方の被扶養者となります。

書類名

健康保険　被扶養者(異動)届

提出先

保険者(協会けんぽ　または　健康保険組合)

手続きの流れ

①本人が内容を記載し、会社に提出

②会社から保険者に提出

添付書類

夫婦共働きの場合は、配偶者の収入を証明する書類など

※各保険者に要確認

提出日

出生から5日以内

 実務ポイント　5日以内の提出は厳しいのですが……

　法律上は5日以内の届出となっていますが、市区町村への出生の届出が14日以内となっていることもあり、名前を決定して会社に提出されるまでに5日を超えていることが多いのが実情です。出生の場合は、届出がよほど遅れていなければ出生日に扶養認定されることが多いです。ただし、保険者によっては遅延理由書を求める、届出日からの認定になるなどのケースもありますので、概ね2週間から1カ月を超えるような場合は保険者に確認しておきましょう。

記入例「健康保険　被扶養者（異動）届」

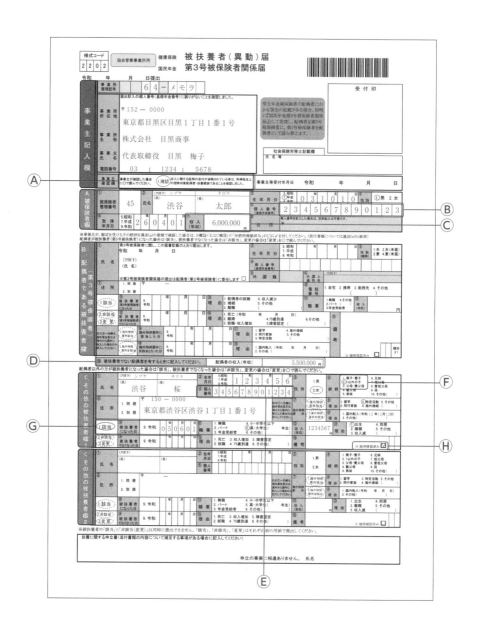

56

こちらは協会けんぽの様式です。 ※健保組合により「被扶養者（異動）届」の体裁は異なります		
Ⓐ	所得税法上の扶養家族に該当する場合は「確認」を〇で囲みます。出生児（16歳未満の子）は、収入確認書類不要のため、該当しなくても影響はありません。	
Ⓑ	マイナンバーまたは基礎年金番号を記入します。 ※加入の健康保険組合によりマイナンバーが必須の場合がありますので確認が必要です。	
Ⓒ	被保険者本人の今後1年間の年間収入見込額を記入します。	
Ⓓ	配偶者を扶養していない場合は、配偶者の年間収入を記入します。 　1．配偶者が育児休業中の場合、雇用保険育児休業給付金も年間収入に含めます。 　2．加入の健康保険組合に、収入確認書類の要否、種類を確認し、添付します。	
Ⓔ	子のマイナンバーを記入します。 出生の場合、後日届出可の場合が多いですが、加入の健康保険組合により異なるため、確認が必要です。	
Ⓕ	加入の健康保険組合によって「長男」「次女」等の記載が必要な場合があります。	
Ⓖ	出生の場合は子の生年月日を記入します。	
Ⓗ	「続柄確認済み」の□に✓を付けます。	

3 出産費用には給付があります

出産育児一時金

　出産費用に関する給付として健康保険から「出産育児一時金」が支給されます。男性も配偶者が健康保険の被扶養者の場合は「(家族)出産育児一時金」の申請を行います。

　健康保険上の出産とは、妊娠4カ月以上(85日以降)の分娩を言います。4カ月以上であれば、早産、流産、死産、人工妊娠中絶であっても出産育児一時金の対象となります。

Check! 1 出産育児一時金の金額は？

　「出産育児一時金」は原則50万円が支給されます。

　双子以上の場合は、子の数に応じて支払われます。ただし、産科医療補償制度に加入していない医療機関での出産や、海外での出産、在胎週数22週未満の場合は48.8万円となります。

　なお、健康保険組合によっては上乗せの付加金の支給があります(金額は数万円〜十万円超の場合も)。

Check! 2 出産育児一時金の受取方法は？

以下の3つの方法があります。

①直接支払制度 ★★★★★（大多数が利用）

　出産育児一時金を保険者から直接医療機関に支払ってもらい、窓口負担と相殺できる制度です（健保組合の付加金は医療機関には支払われません）。分娩費用が出産育児一時金の額より少ない場合は窓口負担無し、多い場合は差額を支払うだけで済みます。事前に医療機関と制度利用の合意文書を取り交わします。差額がある場合や付加金の支給がある場合は出産後に申請書を提出します。

②受取代理制度 ★（非常にレアケース）

　①と同様に、出産育児一時金を保険者から直接医療機関に支払ってもらう制度です。ただし、受取代理制度を利用できるのは一部の小規模な医療機関のみです。①と異なり、付加金も相殺対象となります。また、出産予定日前の2カ月以内に事前申請が必要です。差額がある場合は、出産後に保険者から本人に支払われます。

③事後申請 ★★（時々発生）

　①、②のいずれの制度も利用しない場合は、窓口で一旦全額を負担し、出産後に申請書を提出することにより、保険者から本人に出産育児一時金が支払われます（会社を通じて振り込まれるケースもあります）。

書類名

健康保険　出産育児一時金支給申請書

提出先

保険者(協会けんぽ　または　健康保険組合)

添付書類

・分娩費用の領収・明細書のコピー　など

※健保組合により異なるので事前に確認しましょう

手続きの流れ・提出日

● 協会けんぽ／健保組合(付加金なし)

種類	直接支払		受取代理		事後申請	
出産前	医療機関と合意文書取り交わし		申請書提出(2カ月前以内)		×	
出産費用	50万以上	50万未満	50万以上	50万未満	50万以上	50万未満
退院時	差額支払	×	差額支払	×	全額支払	
出産後	×	申請書提出	×		申請書提出領収・明細書の写し等添付	
出産後もらえる額	×	差額支給	×	差額支給	50万円	

● 健保組合(付加金あり)

種類	直接支払		受取代理		事後申請	
出産前	医療機関と合意文書取り交わし		申請書提出(2カ月前以内)		×	
出産費用	50万以上	50万未満	50万+付加金以上	50万+付加金未満	50万以上	50万未満
退院時	差額支払	×	差額支払	×	全額支払	
出産後	申請書提出領収・明細書の写し等添付		×		申請書提出領収・明細書の写し等添付	
出産後もらえる額	付加金	付加金+差額支給	×	(50万+付加金)との差額支給	50万円+付加金	

記入例「健康保険　出産育児一時金支給申請書」

被保険者証に記載されている記号・番号を記入します。

扶養家族の出産の場合でも社員（被保険者）本人の氏名を記入します。

健康保険　被保険者 家族 **出産育児一時金** 支給申請書　1　2 ページ
（被保険者記入用）　一

加入者が出産し、医療機関等で出産育児一時金の直接支払制度を利用していない場合の出産費用の補助を受ける場合にご使用ください。
なお、記入方法および添付書類等については「記入の手引き」をご確認ください。

被保険者・申請者・情報

被保険者証	記号（左づめ）	番号（左づめ）	生年月日
	2 1 7 0 0 0 2 3 5 5		1.昭和 2.平成 3.令和　2　05.05.05

氏名（カタカナ）：シブ゛ヤ　ハナ
姓と名の間は1マス空けてご記入ください。濁点（゛）、半濁点（゜）は1字としてご記入ください。

氏名：渋谷　花
※申請者はお勤めされている（いた）被保険者です。被保険者がお亡くなりになっている場合は、相続人よりご申請ください。

郵便番号（ハイフン除く）：1 5 0 0 0 0 0

電話番号（左づめハイフン除く）：0 3 8 7 6 5 4 3 2 1

住所：東京　都道府県　渋谷区渋谷１－１－１

振込先指定口座

振込先指定口座は、上記申請者氏名と同じ名義の口座をご指定ください。

| 金融機関名称 | ＡＢＣ | 銀行 金庫 信組 農協 漁協 その他（　） | 支店名 | 渋谷 | 本店 支店 代理店 出張所 本店営業部 本所 支所 |

預金種別：1　普通預金

口座番号（左づめ）：1 1 1 1 1 1 1

ゆうちょ銀行の口座へお振り込みを希望される場合は、支店名は３桁の漢数字を、口座番号は振込専用の口座番号（7桁）をご記入ください。
ゆうちょ銀行口座番号（記号・番号）ではお振込できません。

「被保険者・医師・市区町村長記入用」は2ページ目に続きます。 ≫≫≫

被保険者証の記号番号が不明の場合は、被保険者のマイナンバーをご記入ください。
（記入した場合は、本人確認書類等の添付が必要となります。）　▶

社会保険労務士の提出代行者名記入欄

── 以下は、協会使用欄のため、記入しないでください。 ──

MN確認（被保険者）		1.記入有（添付あり） 2.記入有（添付なし） 3.記入無（添付あり）

| 添付書類 | 出産証明書 | 1.添付 2.不備 | 合意文書等 | 1.添付 2.不備 |
| | 戸籍（法定代理） | 1.添付 | 口座証明 | 1.添付 |

| 産科医療補償制度 | 1.該当 2.非該当 |

6 2 1 1 1 1 0 1

その他：1.その他（理由）　枚数

受付日付印

全国健康保険協会
協会けんぽ

（2022.12）

1 / 2

扶養家族の出産の場合でも社員（被保険者）本人名義の口座を記入します。

健康保険	被保険者 家　族	**出産育児一時金** 支給申請書	1	**2** ページ

被保険者・医師・市区町村長記入用

被保険者氏名	渋谷　花

申請内容

①-1 出産者	1	1. 被保険者 2. 家族（被扶養者）

① ①-2 出産者の氏名（カタカナ）	シフ゛ヤ　ハナ

姓と名の間は1マス空けてご記入ください。濁点（゛）、半濁点（゜）は1字としてご記入ください。

①-3 出産者の生年月日	2	1.昭和 2.平成 3.令和	0 5 年 0 5 月 0 5 日

② 出産年月日		令和 0 5 年 0 6 月 0 1 日

③ 出産した国	1	1. 日本 2. 海外 ➡ 国名（　　　　　）

④-1 出生児数	1 人	④-2 死産児数	人

⑤ 同一の出産について、健康保険組合や国民健康保険等から出産育児一時金を受給していますか。	2	1. 受給した 2. 受給していない

※医師・助産師、市区町村長のいずれかより証明を受けてください。

医師・助産師による証明

出産者の氏名（カタカナ）	シフ゛ヤ　ハナ

姓と名の間は1マス空けてご記入ください。濁点（゛）、半濁点（゜）は1字としてご記入ください。

出産年月日	令和 0 5 年 0 6 月 0 1 日

出生児数	1 人	死産児数	人	死産の場合の妊娠日数	日

上記のとおり相違ないことを証明します。

医療施設の所在地	東京都千代田区千代田１－１－１	令和 0 5 年 0 6 月 0 5 日
医療施設の名称	千代田総合病院	
医師・助産師の氏名	千代田　百合	
電話番号	03-4444-5555	

市区町村長による証明（生産の場合のみ）

本籍			筆頭者氏名	

母の氏名（カタカナ）	

姓と名の間は1マス空けてご記入ください。濁点（゛）、半濁点（゜）は1字としてご記入ください。

母の氏名	

出生児数	人	出生年月日	令和 年 月 日

出生児氏名	

上記のとおり相違ないことを証明します。

市区町村長名	印	令和 年 月 日

6 2 1 2 1 1 0 1

① 全国健康保険協会
協会けんぽ

(2/2)

医師・助産師による証明または市区町村長による証明を必ず受けてください。

62

第5章

育休ってどんな制度？

1 育休って誰が取れる？

育児休業の対象者

　育児休業については、1歳未満の子がいる労働者であれば男女問わず誰でも取得可能です（日雇い除く）。ただし、一部例外があります。

Check!　育児休業が取れない人は誰？

　法律によって除外されている人と労使協定によって除外されている人がいます。

根拠	無期雇用（正社員など）	有期雇用（契約社員・パート・アルバイト）
法律による除外	－	1歳半までに契約終了が明らか
労使協定による除外	・入社1年未満 ・申出から1年以内に退職が明らか ・週2日以下の勤務	・入社1年未満 ・申出から1年以内に契約終了が明らか ・週2日以下の勤務

　上記対象者について育児休業の適用を除外する場合には、下記が必要です。

・育児休業規程に除外対象者について記載する
　　→第8章[1]参照
・労使協定による除外の場合は労使協定を締結する
　　→第8章＜参考＞労使協定例参照

もちろん、誰も除外しないという制度も可能です。

Check! 育児休業ができる「子」とは？

①実子

②養子

③特別養子縁組の監護期間中の子

④養子縁組里親に委託されている子

⑤④を希望したが実親の同意が得られず養育里親として委託されている子

その他、下記の場合で、取得できるか、できないかが分かれます。

・事実婚の妻の子　→　○　認知すればOK

・同性パートナーの子　→　×

・孫　→　×

2 いつまでに誰に言えばいい？

育児休業の申出

　開始希望日の1カ月前までに「育児休業申出書」(社内様式)により会社に申出してもらいます。

Check!

　育児休業は取得開始希望日の1カ月前までに申出が必要です。申出は口頭でも可能ですが、会社が所定の様式を準備して、その申出書を提出してもらうことが一般的です。

　出産する女性は、産後休が必ずありますので1カ月前の申出でも問題ないですが、男性の場合は業務繁忙などで直前の申出になり、1カ月前を切ってしまうこともあります。第1章[2]の個別周知などの際に、申出期限についてよく説明しておきましょう。

 実務ポイント 赤ちゃんが早く生まれてしまったら

　原則1カ月前までの申出ですが、出産予定日より早く生まれてしまったなど特別な事情がある場合には、1週間前の申出で取得ができます。

　1週間前の申出で育児休業の取得ができる「特別の事情」とは以下の通りです。

	1週間前の申出ができる特別の事情
①	出産予定日より早く子が出生したとき
②	配偶者が死亡した場合
③	配偶者が負傷、疾病、障害により子の養育が困難となった場合
④	離婚等により配偶者が子と同居しないこととなった場合
⑤	子が負傷、疾病、障害等により2週間以上世話が必要な場合
⑥	保育所等の入所申込みをしたが入所できない場合

第5章　育休ってどんな制度？

> 育児休業開始予定日の1カ月前までの申出になっているかチェック。

社内様式1

（出生時）育児休業申出書

殿

［申出日］　2023 年　6 月　26日
［申出者］所属　経理部
　　　　　氏名　渋谷 花

私は、育児・介護休業等に関する規則（第3条及び第7条）に基づき、下記のとおり（出生時）育児休業の申出をします。

記

1 休業に係る子の状況	(1) 氏名	渋谷 桜
	(2) 生年月日	2023年6月1日
	(3) 本人との続柄	長女
	(4) 養子の場合、縁組成立の年月日	年　月　日
	(5) (1)の子が、特別養子縁組の監護期間中の子・養子縁組里親に委託されている子・養育里親として委託された子の場合、その手続きが完了した年月日	年　月　日
2 1の子が生まれていない場合の出産予定者の状況	(1) 氏名　(2) 出産予定日　(3) 本人との続柄	
3 出生時育児休業		
	3-1 休業の期間	年　月　日から　年　月　日まで（職場復帰予定日　年　月　日）※出生時育児休業を2回に分割取得する場合は、1回目と2回目を一括で申し出ること 年　月　日から　年　月　日まで（職場復帰予定日　年　月　日）
	3-2 申出に係る状況	(1) 休業開始予定日の2週間前に申し出て　いる・いない→申出が遅れた理由〔　　〕
		(2) 1の子について出生時育児休業をしたことが（休業予定含む）　ない・ある（　回）
		(3) 1の子について出生時育児休業の申出を撤回したことが　ない・ある（　回）
4 1歳までの育児休業（パパ・ママ育休プラスの場合は1歳2か月まで）		
	4-1 休業の期間	2023年 7月 28日から2024年 5月 31日まで（職場復帰予定日　2024年 6月 1日）

> 終了予定日は1歳誕生日の前日以前の日になっているかチェック。

		※1回目と2回目を一括で申し出る場合に記載（2回目を後日申し出ることも可能）
		年　　　月　　　日から　　年　　　月　　　日まで （職場復帰予定日　　　　　年　　　月　　　日）
4-2　申出に係る状況	(1) 休業開始予定日の1か月前に申し出て	いる・いない→申出が遅れた理由 〔　　　　　　　　　　　　　　　　〕
	(2) 1の子について育児休業をしたことが（休業予定含む）	ない・ある（　　回） →ある場合 休業期間：　　年　　　月　　　日から 　　　　　　　年　　　月　　　日まで →2回ある場合、再度休業の理由 〔　　　　　　　　　　　　　　　　〕
	(3) 1の子について育児休業の申出を撤回したことが	ない・ある（　　回） →2回ある場合又は1回あるかつ上記(2)がある場合、再度申出の理由 〔　　　　　　　　　　　　　　　　〕
	(4) 配偶者も育児休業をしており、規則第　条第　項に基づき1歳を超えて休業しようとする場合（パパ・ママ育休プラス）	配偶者の休業開始（予定）日 　　　　年　　　月　　　日
5　1歳を超える育児休業		
5-1　休業の期間		年　　　月　　　日から　　年　　　月　　　日まで （職場復帰予定日　　　　　年　　　月　　　日）
5-2　申出に係る状況	(1) 休業開始予定日の2週間前に申し出て	いる・いない→申出が遅れた理由 〔　　　　　　　　　　　　　　　　〕
	(2) 1の子について1歳を超える育児休業をしたことが（休業予定含む）	ない・ある→再度休業の理由 〔　　　　　　　　　　　　　　　　〕 休業期間：　　年　　　月　　　日から 　　　　　　　年　　　月　　　日まで
	(3) 1の子について1歳を超える育児休業の申出を撤回したことが	ない・ある→再度申出の理由 〔　　　　　　　　　　　　　　　　〕
	(4) 休業が必要な理由	
	(5) 1歳を超えての育児休業の申出の場合で申出者が育児休業中でない場合	配偶者が休業　している・していない 配偶者の休業（予定）日 　　　　年　　　月　　　日から 　　　　年　　　月　　　日まで

（注）上記3、4の休業は原則各2回まで、5の1歳6か月まで及び2歳までの休業は原則各1回です。申出の撤回1回（一の休業期間）につき、1回休業したものとみなします。

＜提出先＞　直接提出や郵送のほか、電子メールでの提出も可能です。
○○課　　メールアドレス：□□□□＠□□

※申出書に提出先を記載することは義務ではありませんが、提出先及び事業主が電子メール、FAX、SNS等の提出を認める場合はその旨を記載するとわかりやすいでしょう。

取扱いの通知

　会社は、育児休業の申出がなされたときは「育児休業取扱通知書（社内様式）」を申出者に渡します。

Check!

　育児休業の申出を受けた場合には、以下の事項を申出者に速やかに通知しなければなりません。

①育児休業の申出を受けた旨
②育児休業開始予定日及び育児休業終了予定日
③育児休業を拒む場合には、その旨及びその理由

　通知は、書面のほか、申出者が希望する場合にはFAXや電子メール等によることも可能です。
　育児休業（出生時育児休業）の申出を受けた場合のほか、休業期間の変更や休業の撤回を受けた場合にも速やかに通知が必要です。

申出を受けた旨について記載。

社内様式2

〔（出生時）育児・介護〕休業取扱通知書

渋谷 花 殿

2023 年 6 月 26 日
会社名 株式会社目黒商事

あなたから 2023 年 6 月 26 日に〔（出生時）育児・介護〕休業の〔申出・期間変更の申出・申出の撤回〕がありました。育児・介護休業等に関する規則（第3条、第4条、第5条、第7条、第8条、第9条、第11条、第12条及び第13条）に基づき、その取扱いを下記のとおり通知します（ただし、期間の変更の申出及び出生時育児休業中の就業日があった場合には下記の事項の若干の変更があり得ます。）。

記

1 休業の期間等	(1)適正な申出がされていましたので申出どおり 2023 年 7 月 28 日から 2024 年 5 月 31 日まで（出生時育児・育児・介護）休業してください。職場復帰予定日は、2024 年 6 月 1 日です。 (2)申し出た期間が遅かったので休業を開始する日を 年 月 日にしてください。 (3)あなたは以下の理由により休業の対象者でないので休業することはできません。 (4)あなたが 年 月 日にした休業申出は撤回されました。 (5)（介護休業の場合のみ）申出に係る対象家族について介護休業ができる日数は通算93日です。今回の措置により、介護休業ができる残りの回数及び日数は、（ ）回（ ）日になります。
2 休業期間中の取扱い等	(1)休業期間中については給与を支払いません。 (2)所属は 課のままとします。 (3)・（出生時）育児休業のうち免除対象者）あなたの社会保険料は免除されます。 ・（介護休業の場合等免除対象外）あなたの社会保険料本人負担分は、 現在月1万 円ですが、休業を開始することにより、 月からは給与から天引きができなくなりますので、月ごとに会社から支払い請求書を送付します。指定された日までに下記へ振り込むか、 に持参してください。 振込先： (4)税については市区町村より直接納税通知書が届きますので、それに従って支払ってください。 (5)毎月の給与から天引きされる社内融資返済金がある場合には、支払い猶予の措置を受けることができますので、 に申し出てください。 (6)職場復帰プログラムを受講できますので、希望の場合は 課に申し出てください
3 休業後の労働条件	(1)休業後のあなたの基本給は、 級 号 円です。 (2) 年 月の賞与については算定対象期間に 日の出勤日がありますので、出勤日数により日割りで計算した額を支給します。 (3)退職金の算定に当たっては、休業期間を勤務したものとみなして勤続年数を計算します。 (4)復職後は原則として 課で休業をする前と同じ職務についていただく予定ですが、休業終了1か月前までに正式に決定通知します。 (5)あなたの 年度の有給休暇はあと 日ありますので、これから休業期間を除き 年 月日までの間に消化してください。 次年度の有給休暇は、今後 日以上欠勤がなければ、繰り越し分を除いて 日の有給休暇を請求できます。
4 その他	(1)お子さんを養育しなくなる、家族を介護しなくなる等あなたの休業に重大な変更をもたらす事由が発生したときは、なるべくその日に 課あて電話連絡をしてください。この場合の休業終了後の出勤日については、事由発生後2週間以内の日を会社と話し合って決定していただきます。 (2)休業期間中についても会社の福利厚生施設を利用することができます。

（注）上記のうち、1(1)から(4)までの事項は事業主の義務となっている部分、それ以外の事項は努力義務となっている部分です。

育児休業開始予定日と育児休業終了予定日を記載。

いつからいつまで取れる？

育児休業の期間（原則／〜1歳）

　育児休業は、子が1歳の誕生日前日までの期間で、1日からでも取得できます。

　出産する女性は産後休業が56日間ありますので、出産後57日目以降から、男性は出産予定日から開始できます。

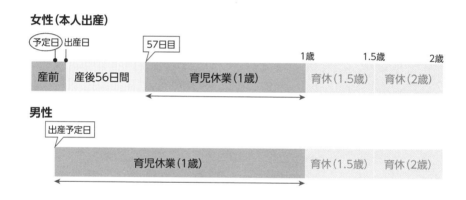

女性（本人出産）

| 予定日　出産日 | | 57日目 | | 1歳 | 1.5歳 | 2歳 |

| 産前 | 産後56日間 | 育児休業（1歳） | | 育休（1.5歳） | 育休（2歳） |

男性

出産予定日

| 育児休業（1歳） | | 育休（1.5歳） | 育休（2歳） |

実務ポイント　出産予定日に生まれていない場合は？

　男性の場合は出産予定日から育児休業が開始できますが、予定日（育児休業開始日）になってもまだ生まれていないケースがあります。子が生まれていなくても、予定通りの期間で育児休業を取得できます。

育児休業の期間（パパ・ママ育休プラス）

育児休業の期間は原則1歳までですが、一定の要件を満たして父母ともに育児休業を取得する場合は、この1歳までの期限を「1歳2カ月」までに延長できます。

Check!

パパ・ママ育休プラスにより「1歳2カ月」まで取得するには以下の要件を満たす必要があります。

①配偶者が子の1歳の誕生日より前に育児休業をしている
②本人の育児休業開始日が子の1歳の誕生日より後ではない
③本人の育児休業開始日が配偶者の開始日より前ではない

なお、パパ・ママ育休プラスで取得できる期間は、父母それぞれが合計で最大1年間です。

● <父がパパ・ママ育休プラスで休業するケース>

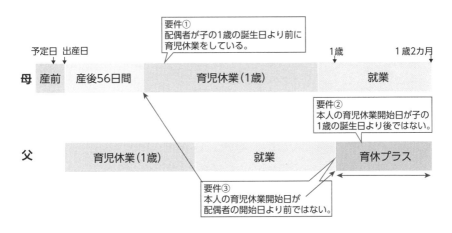

73

育児休業の期間（1歳〜1歳6カ月）

誰でも育児休業が取得できるのは1歳までとなっていて、1歳以降の育児休業を取得するのには条件があります。

条件が合えば、まず1歳6カ月までの間で取得可能です。

Check! **1歳以降の育児休業を取得するための条件は？**

①保育所等に預けられないなど、育児休業が必要な特別な事情がある。
②1歳の誕生日前日に父母どちらかが育児休業をしている。

●取得OKのパターン

●取得NGのパターン

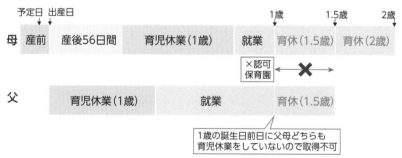

Check! 「保育所等」って？

①認可保育所

②認定こども園

③家庭的保育事業(いわゆる「保育ママ」)

　認可外保育施設は含まれず、東京都の「認証保育所」も含まれません。

 実務ポイント　認可外保育所に預けたら職場復帰が必要？

　認可保育所の入所申し込みが叶わなかった場合は、認可外保育所に預けることができたとしても、1歳以降の育児休業を取得することが可能です。

第5章　育休ってどんな制度？

育児休業の期間（1歳6カ月〜2歳）

　1歳6カ月以降の育児休業については、1歳〜1歳6カ月の期間と同様に、条件に合った場合のみ取得が可能です。

　最長で2歳の誕生日の前日まで取得可能です。

C**heck!**　1歳6カ月以降の育児休業を取得するための条件は？

①保育所等に預けられないなど、育児休業が必要な特別な事情がある。
②1歳6カ月応当日の前日に父母どちらかが育児休業をしている。

●取得OKのパターン

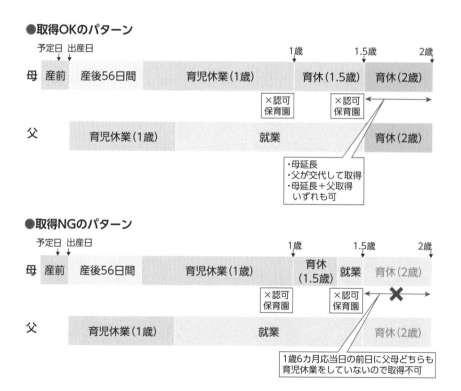

●取得NGのパターン

1歳以降の育児休業の開始日

　1歳以降の育児休業は、1歳の誕生日から、または1歳6カ月応当日から開始する以外にも、配偶者が育児休業を取得していることを前提に、それよりも後の日付から開始することが可能です。

　父母の育児休業期間は重複または交代で取得することが必須で、間を空けて取得することはできません。

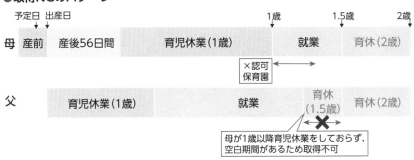

●取得OKのパターン

●取得NGのパターン

第5章　育休ってどんな制度？

1歳以降の育児休業の申出手続き

　1歳までの育児休業は1カ月前の申出が必要でしたが、1歳以降の育児休業は「2週間前」までの申出があれば取得可能です（1歳〜でも、1歳6カ月〜でも）。

　ただし、これは1歳の誕生日（または1歳6カ月応当日）の前日までに申出があった場合です。1歳の誕生日または1歳6カ月応当日以降に申し出る場合は、原則通り「1カ月前」の申出となります。

　1歳までと同様に「育児休業申出書（社内様式）」を会社に提出してもらいます。

育児休業	申出期限	
1歳まで	1カ月前まで	
1歳〜1.5歳	1歳誕生日より前に申出	2週間前まで
	1歳誕生日以降に申出	1カ月前まで
1.5歳〜2歳	1.5歳応当日より前に申出	2週間前まで
	1.5歳応当日以降に申出	1カ月前まで

 実務ポイント　**申出期限の統一**

　1歳以降の育児休業の申出期限について、いつ申し出たかによって2週間前と1カ月前とで分けて考えるのも面倒です。会社の制度が法を上回っているのは良いことですので、会社によっては全部2週間前に統一するということもあります。

4 期間の変更はできる？

育児休業期間の変更

　会社に申し出た当初の育児休業期間の変更については、可能ではありますが、できる場合とできない場合があります。

	変更の回数・条件	申出期限	
開始日の繰上げ	1回に限り可 （一定の事由の場合） 1歳までの休業に限る	変更後の希望開始日の1週間前まで	
開始日の繰下げ	法に規定なし	法に規定なし	
終了日の繰上げ	法に規定なし	法に規定なし	
終了日の繰上げ	法に規定なし	法に規定なし	
終了日の繰下げ	1回に限り可 （事由を問わず）	1歳までの休業	当初の終了日の 1カ月前まで
		1歳以降の休業	当初の終了日の 2週間前まで

Check!

　育児休業期間の変更については、

・特別の事情（第5章 [2] 参照）がある場合の「開始日の繰上げ」
・事由を問わない「終了日の繰下げ」

についてのみ、法律上は認められています。

　それ以外の「開始日の繰下げ」と「終了日の繰上げ」については法律上の規定がありませんので期間の変更を認めても、認めなくても問題はありません。

第5章　育休ってどんな制度？

79

 **実務ポイント** 期間の変更は育児休業規程をチェック

　「終了日の繰上げ」は法の規定はありませんが、保育園の入園が決まって早く復職したい場合などに非常にニーズが高いです。会社独自で規定化している場合や、規定化していないが実際は運用で認めているケースもあります。自社の育児休業規程がどうなっているか確認して案内しましょう。

期間の変更手続き

　前述の申出期限までに「育児休業期間変更申出書(社内様式)」を会社に提出してもらいます。

Check!

　「変更申出書」で届出をしてもらうのは、1歳まで、1歳から1歳6カ月まで、1歳6カ月から2歳までのそれぞれの期間内で変更する場合です。
　1歳までの育児休業を取得していた社員が、1歳以降の延長を申し出る場合は「変更申出書」ではなく「育児休業申出書」での届出となります。

当初の終了予定日の1カ月前までの申出に
なっているかチェック
(1歳以降の育児休業の場合は2週間前まで)

社内様式5

〔（出生時）育児・介護〕休業期間変更申出書

殿

[申出日] 2024 年 1 月 25 日
[申出者] 所属 経理部
氏名 渋谷 花

　私は、育児・介護休業等に関する規則（第5条、第9条及び第13条）に基づき、 2023 年 6 月 26 日
に行った〔（出生時）育児・介護〕休業の申出における休業期間を下記のとおり変更します。

記

1　当初の申出における休業期間	2023 年 7 月 28 日から 2024 年 3 月 31 日まで
2　当初の申出に対する会社の対応	休業開始予定日の指定 ・　有 → 指定後の休業開始予定日 　　　　　　　　　　　 年　月　日 ・　無
3　変更の内容	(1) 休業〔開始・終了〕予定日の変更 (2) 変更後の休業〔開始・終了〕予定日 　　　2024 年 5 月 31 日
4　変更の理由 　（休業開始予定日の変更の場合のみ）	

(注) 1歳6か月まで及び2歳までの育児休業及び介護休業に関しては休業開始予定日の変更はできません。

終了予定日が1歳誕生日の前日までとなってい
るかチェック
(1歳以降の場合は1歳6カ月の前日まで
1歳6カ月以降の場合は2歳誕生日の前日まで)

5 育児休業は何回取れる？

育児休業の回数

　1歳までの育児休業は2回まで、1歳〜1歳6カ月及び1歳6カ月〜2歳までの休業はそれぞれ1回取得することが可能です。

　また、本人出産以外の場合は、後述する第5章[7]の産後パパ育休を2回まで取得することが可能です。

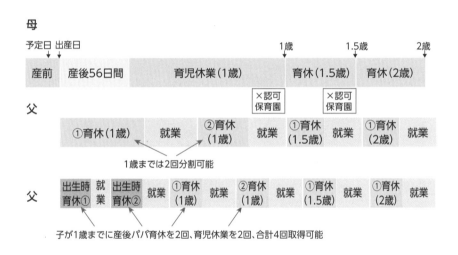

育児休業の回数の例外（再申出）

　特別の事情がある場合には、原則の回数を超えて育児休業を取得（再申出）することができます。

Check!

　再申出が可能な「特別の事情」とは以下の表の通りです。

	再申出ができる特別の事情
①	新たな産休、出生時育休、育休、介護休業の開始により育児休業が終了した場合で当該子または家族が死亡等した場合
②	配偶者が死亡した場合
③	配偶者が負傷、疾病、障害により子の養育が困難となった場合
④	離婚等により配偶者が子と同居しないこととなった場合
⑤	子が負傷、疾病、障害等により2週間以上世話が必要な場合
⑥	保育所等の入所申込みをしたが入所できない場合

　1歳までの育児休業は上記①〜⑥のいずれかの事情があれば、3回目以降の取得が可能です。

　一方、1歳以降の育児休業の再申出が可能となる特別の事情は①のみです。①の事情があれば2回目以降の取得が可能です。

6 仕事が忙しくて休めなくなってしまった場合は？

育児休業の撤回

　育児休業開始予定日の前日までは、申出をすることにより撤回が可能です。「育児休業申出撤回届」（社内様式）を会社に提出してもらいます。

Check!

　1歳までの育児休業を撤回すると、1回育児休業をしたものとみなされます。2回まで取得が可能ですので、1回撤回してももう1回は取得が可能です。

　一方、1歳以降の育児休業は1回しか取得できませんので、1回撤回すると、原則として再度取得することはできません。

社内様式「育児休業申出撤回届」

開始予定日の前日までなら撤回可能です。

社内様式4

　　　　〔（出生時）育児・介護〕休業申出撤回届

　　　　　　　殿

　　　　　　　　　　　　　　　　〔申出日〕　2023 年　7 月 25 日
　　　　　　　　　　　　　　　　〔申出者〕所属　経理部
　　　　　　　　　　　　　　　　　　　　　氏名　渋谷　花

　　私は、育児・介護休業等に関する規則（第4条、第8条及び第12条）に基づき、　2023 年　6 月 26 日
　に行った〔（出生時）育児・介護〕休業の申出を撤回します。

　※同日に複数期間申出している場合は、撤回する休業期間を記載すること。

7

産後パパ育休って何が違う？

産後パパ育休とは？対象者は？

　「産後パパ育休」とは男性の育児休業取得促進を目的に創設された制度で「出生時育児休業」の通称です。

　産後休業をしていない労働者(日雇い除く)が、原則として子の出生後8週間以内に取得する育児休業のことを言います。よって、対象者は主に男性となりますが、女性でも養子縁組などの場合は対象となる可能性があります。

産後パパ育休（出生時育児休業）の特徴

(1) 産後8週間（56日）以内の期間で
(2) 最大2回に分割
(3) 合計4週間（28暦日）まで取得可能
※休業期間中は就業可能とされる

Check! 産後パパ育休が取れない人は誰？

　法律によって除外されている人と労使協定によって除外されている人がいます。

根拠	無期雇用 （正社員など）	有期雇用 （契約社員・パート・アルバイト）
法律による除外	－	（申出時点で）子の出生日または出産予定日のいずれか遅い方から8週間を経過する日の翌日から6カ月以内に契約終了が明らか
労使協定による除外	・入社1年未満 ・申出から8週間以内に退職が明らか ・週2日以下の勤務	・入社1年未満 ・申出から8週間以内に契約終了が明らか ・週2日以下の勤務

第5章　育休ってどんな制度？

前記対象者について産後パパ育休の適用を除外する場合には、第5章[1]の育児休業と同様に、下記が必要です。

・育児休業規程に除外対象者について記載する
　→第8章[1]参照
・労使協定による除外の場合は労使協定を締結する
　→第8章＜参考＞労使協定例参照

もちろん、誰も除外しないという制度も可能です。

産後パパ育休の申出

　開始希望日の2週間前までに「（出生時）育児休業申出書（社内様式）」により会社に申出してもらいます。

Check!

　1歳までの育児休業は取得開始希望日の1カ月前までに申出が必要ですが、産後パパ育休は「2週間前」までの申出で取得が可能です。産後パパ育休は2回に分割して取得することができますが、原則2回分をまとめて申出することが必要です。まとめて申出しない場合には、2回目の申出をされても拒むことができます。

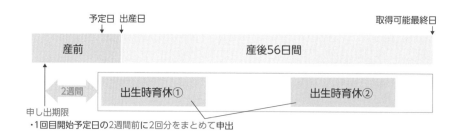

社内様式1

（出生時）育児休業申出書

殿

［申出日］　2023 年　5 月 22 日
［申出者］所属　営業部
　　　　　氏名　渋谷　太郎

私は、育児・介護休業等に関する規則（第3条及び第7条）に基づき、下記のとおり（出生時）育児休業の申出をします。

記

1　休業に係る子の状況	(1) 氏名	
	(2) 生年月日	
	(3) 本人との続柄	
	(4) 養子の場合、縁組成立の年月日	年　　　月　　　日
	(5) (1)の子が、特別養子縁組の監護期間中の子・養子縁組里親に委託されている子・養育里親として委託された子の場合、その手続きが完了した年月日	年　　　月　　　日
2　1の子が生まれていない場合の出産予定者の状況	(1) 氏名　　　渋谷　花	
	(2) 出産予定日　2023 年 6 月 6 日	
	(3) 本人との続柄　妻	
3　出生時育児休業		
3-1　休業の期間	2023 年　6 月　6 日から2023 年　6 月 19 日まで （職場復帰予定日　　2023 年　6 月　20 日）	
	※出生時育児休業を2回に分割取得する場合は、1回目と2回目を一括で申し出ること	
	2023 年　7 月 24 日から2023 年　7 月 31 日まで （職場復帰予定日　　2023 年　8 月　1 日）	
3-2　申出に係る状況	(1) 休業開始予定日の2週間前に申し出て	いる・いない→申出が遅れた理由 〔　　　　　　　　　　　　　　　〕
	(2) 1の子について出生時育児休業をしたことが（休業予定含む）	ない・ある（　　回）
	(3) 1の子について出生時育児休業の申出を撤回したことが	ない・ある（　　回）
4　1歳までの育児休業（パパ・ママ育休プラスの場合は1歳2か月まで）		
4-1　休業の期間	年　　月　　日から　　年　　月　　日まで （職場復帰予定日　　　年　　月　　日）	

> 出産前の申出の場合は終了予定日が、出産予定日から8週間以内の日付になっているかチェック。

		※1回目と2回目を一括で申し出る場合に記載（2回目を後日申し出ることも可能）
		年　月　日から　年　月　日まで （職場復帰予定日　　　　　　年　月　日）
4-2　申出に係る 　　状況	(1) 休業開始予定日の1か月前に 申し出て	いる・いない→申出が遅れた理由 〔　　　　　　　　　　　　　　　　〕
	(2) 1の子について育児休業をし たことが（休業予定含む）	ない・ある（　回） →ある場合 休業期間：　　年　月　日から 　　　　　　　年　月　日まで →2回ある場合、再度休業の理由 〔　　　　　　　　　　　　　　　　〕
	(3) 1の子について育児休業の申 出を撤回したことが	ない・ある（　回） →2回ある場合又は1回あるかつ上記(2)が ある場合、再度申出の理由 〔　　　　　　　　　　　　　　　　〕
	(4) 配偶者も育児休業をしてお り、規則第　条第　項に基づき 1歳を超えて休業しようとする 場合（パパ・ママ育休プラス）	配偶者の休業開始（予定）日 　　　年　月　日
5　1歳を超える育児休業		
5-1　休業の期間		年　月　日から　年　月　日まで （職場復帰予定日　　　　　　年　月　日）
5-2　申出に係る 　　状況	(1) 休業開始予定日の2週間前に 申し出て	いる・いない→申出が遅れた理由 〔　　　　　　　　　　　　　　　　〕
	(2) 1の子について1歳を超える 育児休業をしたことが（休業予 定含む）	ない・ある→再度休業の理由 〔　　　　　　　　　　　　　　　　〕 休業期間：　　年　月　日から 　　　　　　　年　月　日まで
	(3) 1の子について1歳を超える 育児休業の申出を撤回したことが	ない・ある→再度申出の理由 〔　　　　　　　　　　　　　　　　〕
	(4) 休業が必要な理由	
	(5) 1歳を超えての育児休業の申 出の場合で申出者が育児休業 中でない場合	配偶者が休業　している・していない 配偶者の休業（予定）日 　　　年　月　日から 　　　年　月　日まで

（注）上記3、4の休業は原則各2回まで、5の1歳6か月まで及び2歳までの休業は原則各1回です。
申出の撤回1回（一の休業期間）につき、1回休業したものとみなします。

＜提出先＞　　直接提出や郵送のほか、電子メールでの提出も可能です。
○○課　　　メールアドレス：□□□□＠□□

※申出書に提出先を記載することは義務ではありませんが、提出先及び事業主が電子メール、FAX、SNS
　等の提出を認める場合はその旨を記載するとわかりやすいでしょう。

産後パパ育休の1カ月前申出

　産後パパ育休は原則2週間前の申出となっていますが「労使協定」を締結することにより、1カ月（2週間超から1カ月の範囲内で定める日）前の申出期限とすることができます。

Check!

　産後パパ育休の申出期限を1カ月前（2週間超から1カ月前まで）とするためには、下記のA〜Cのすべての内容を「労使協定」で締結し、措置を講じる必要があります。

A　次に掲げる措置のうち、2以上の措置を講ずること
　①育休の研修の実施
　②育休の相談体制の整備
　③育休取得の事例収集及び提供
　④育休制度及び育休取得促進に関する方針の周知
　⑤育休申出をした労働者の育休取得が円滑に行われるようにするための
　　業務配分又は人員の配置に係る必要な措置

B　育休の取得に関する定量的な目標を設定し、
　育休の取得の促進に関する方針を周知すること

C　育休申出に係る労働者の意向確認の措置を講じた上で、
　その意向を把握するための取組を行うこと

産後パパ育休の期間・回数

　産後パパ育休を取得することのできる期間は、原則として子の出生後8週間以内の期間で、4週間（28日）以内です。2回まで取得ができますが、2回分の合計が最大で28日以内としなければなりません。

実務ポイント 産後パパ育休の取得可能最終日

　産後パパ育休が取得できる期間は、正確には「出産日または出産予定日のいずれか遅い方から8週間」です。よって、実出産日が早まった場合は、後にある出産予定日から8週間以内に取得可能ですので注意しましょう。

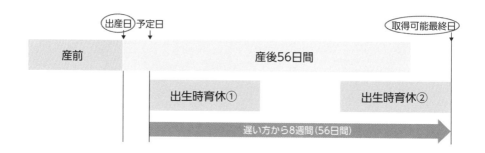

産後パパ育休の期間の変更

　産後パパ育休も通常の育児休業と同様に、以下の条件に合致すれば期間の変更が可能です。

	変更の回数・条件	申出期限
開始日の繰上げ	1回に限り可 （一定の事由の場合）	変更後の希望開始日の 1週間前まで
開始日の繰下げ	法に規定なし	法に規定なし
終了日の繰上げ	法に規定なし	法に規定なし
終了日の繰下げ	1回に限り可 （事由を問わず）	当初の終了日の 2週間前まで

Check!

　産後パパ育休の期間の変更については、基本的には1歳までの育児休業と同様に

・特別の事情※がある場合の「開始日の繰上げ」（※第5章[2]参照）
・事由を問わない「終了日の繰下げ」

についてのみ、法律上は認められています。
「開始日の繰下げ」と「終了日の繰上げ」については期間の変更を認めても、認めなくても問題はありません。

産後パパ育休の期間の変更手続き

　申出期限までに、「(出生時)育児休業期間変更申出書(社内様式)」(第5章[4]参照)を会社に提出してもらいます。

実務ポイント　期間変更の場合は日数・期間に注意

　産後パパ育休は取得できる期間の範囲や日数に上限がありますので、期間変更の申出書を受け付けた場合は

・出産後8週間以内に収まっているか？
・合計28日を超過していないか？

を確認しましょう。

産後パパ育休の再申出は不可

　産後パパ育休は、通常の育児休業と異なり、配偶者の死亡等の特別の事情が
あっても、上限2回の回数を超えて取得(再申出)することはできません。

　休業が必要な場合は、通常の育児休業(1歳まで)の1回目を取得することにな
ります。

産後パパ育休の撤回

　産後パパ育休の開始の前日までは、申出をすることにより撤回が可能です。「(出
生時)育児休業申出撤回届(社内様式)」(第5章[6]参照)を会社に提出してもらい
ます。

Check!

　産後パパ育休を1回撤回すると、1回休業をしたものとみなされます。
産後パパ育休を2回に分割して取得する場合には、どちらか1回を撤回し
ても残る1回は取得できます。2回に分割して取得する場合は、原則とし
てまとめて申出されていますので、育児休業申出撤回書には撤回する方
の期間を記入して提出します。

　2回まとめて撤回したら、その後産後パパ育休は取得できません。

産後パパ育休中は働いてもいい？

産後パパ育休中の就業

　産後パパ育休が通常の育児休業と大きく異なる点は、休業期間中に就業ができるということです。ただし、産後パパ育休期間中の就業を可能とするためには、産後パパ育休期間中に就業させることのできる労働者（の範囲）について「労使協定」が締結されていることが必要です。また、就業できる日数・時間数に制限があります。

　産後パパ育休期間中の就業を認めない場合には労使協定を締結する必要はありません。

Check!

　産後パパ育休中の就業は、労使協定で定められた労働者が就業を希望する場合に、本人から会社に申出ができるという制度です。労使協定を締結すれば、会社側から一方的に産後パパ育休期間中の就業を命じることができるのではありません。

　労使協定で定める就業できる労働者については、たとえば「出社が必要な外勤営業職に限る（事務職は不可）」としたり、育児と仕事の両立を鑑みて「在宅勤務（テレワーク）が可能な仕事に限る」とするなど、会社の業種や状況などに応じて範囲を定めることが可能です。

産後パパ育休中にどれくらい働ける?

　産後パパ育休期間中に就業できる日数・時間数は以下のすべてを満たす範囲でなければなりません。

①就業日の合計は産後パパ育休期間中の所定労働日数の2分の1以下（1日未満の端数は切捨て）

②就業時間の合計は産後パパ育休期間中の所定労働時間の合計の2分の1以下

③産後パパ育休の開始日と終了日に就業する場合はそれぞれ所定労働時間未満とすること

例:

　　所定労働時間8h/日、土日祝休日

　　11/1～11/14休業

　　所定労働日数9日／所定労働時間　72h

　　　　⇒就業可能日数　9日÷2=4.5　…　4日まで可

　　　　⇒就業可能時間　72h÷2=36　…　36hまで可

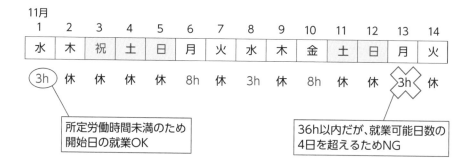

11月

1	2	3	4	5	6	7	8	9	10	11	12	13	14
水	木	祝	土	日	月	火	水	木	金	土	日	月	火
3h	休	休	休	休	8h	休	3h	休	8h	休	休	3h	休

所定労働時間未満のため
開始日の就業OK

36h以内だが、就業可能日数の
4日を超えるためNG

産後パパ育休中に就業するまでの流れ

①労働者が就業可能日、時間帯、その他の労働条件を申し出る

・時間帯：所定労働時間内に限って申出可能（残業や所定時間外の就業希望はNG）
・その他の労働条件：就業場所等

②会社が申出の範囲内で就業させる日、時間帯、その他の労働条件を提示する（就業させない場合はその旨を提示）

・労使協定で定める範囲の労働者かチェック
・就業日数・時間数が条件の範囲内かチェック

③労働者が会社からの提示内容に同意する

・同意すると就業日等が確定

④会社が確定した就業日等を労働者に通知する

休業開始 ⇒ 就業

Check!

　産後パパ育休の開始日前日までであれば、就業希望の申出をすることが可能です。また、一旦就業日が確定しても同じく前日までであれば就業日等の同意の一部撤回や全部の撤回が可能です。

社内様式 15

出生時育児休業中の就業可能日等申出・変更申出書

殿

[申出日] 2023 年 5 月 29 日
[申出者] 所属 営業部
氏名 渋谷 太郎

私は、育児・介護休業等に関する規則（第９条の２）に基づき、下記のとおり出生時育児休業中の就業可能日等の〔申出・変更申出〕をします。

記

１．出生時育児休業取得予定日

2023 年 7 月 24日（月曜日）から 2023 年 7 月 31日（月曜日）まで

２．就業可能日等（変更申出の場合は当初申出から変更がない期間も含めて全て記載）

日付	時間	備考 （テレワーク等の希望）
2023 年 7 月 26日（水曜日）	9 時 30分〜 12 時 00分	
2023 年 7 月 28日（金曜日）	13 時 00分〜 17 時 30分	

（注１）申出後に変更が生じた場合は、休業開始予定日の前日までの間にすみやかに変更申出書を提出してください。

（注２）休業開始予定日の前日までに、就業可能日等の範囲内で就業日時等を提示します。提示する就業日がない場合もその旨通知します。

日数が所定労働日の 1/2 以内か、就業時間が所定労働時間内に収まっているかなどをチェック。

就業日の同意をする前に申出を撤回する場合の届です。

社内様式 16

出生時育児休業中の就業可能日等申出撤回届

殿

[申出日] 2023 年 5 月 31 日
[申出者] 所属 営業部
氏名 渋谷 太郎

私は、育児・介護休業等に関する規則（第９条の２）に基づき、 2023 年 5 月 29日に行った出生時育児休業中就業可能日等〔申出・変更申出〕を撤回します。

社内様式 17

出生時育児休業中の就業日等の提示について

渋谷　太郎　　殿

2023 年 6 月 1 日
会社名　株式会社目黒商事

　あなたから　2023 年　5 月　29 日に出生時育児休業中の就業可能日等の〔申出・変更申出・撤回〕がありました。育児・介護休業等に関する規則（第9条の2）に基づき、就業日時等を提示いたします。

記

☑　以下の就業日を提示します。回答は　7 月　7 日までに 人事 課へご提出ください。

　①2023年　7 月　26 日（水曜日）　　9 時 30 分～ 12 時 00 分（休憩時間　　時 分～　時 分）

　②2023年　7 月　28 日（金曜日）　13 時 00 分～ 17 時 30 分（休憩時間　　時 分～　時 分）

※就業場所、業務内容等特記事項があれば記載

□　提示する就業日はありません。全日休業となります。

□　就業可能日等申出・変更申出は撤回されました。全日休業となります。

本人からの申出に基づいて会社が就業させる日を提示します。
全部申出通りに認めなくてもかまいません。

社内様式「出生時育児休業中の就業日等の同意・不同意書」

社内様式 18

出生時育児休業中の就業日等の 〔同意・不同意〕書

殿

[申出日]　2023 年　6 月 30 日
[申出者] 所属　営業部
氏名　渋谷　太郎

　私は、育児・介護休業等に関する規則（第9条の2）に基づき、　2023 年　6 月　1日に提示された
出生時育児休業中の就業日等について、下記のとおり回答します。

記

☑　提示された就業日等に全て同意します。

☐　提示された就業日等に全て同意しません。

☐　提示された就業日等のうち、以下の内容に同意します。

〔　　　　　　　　　　　　　　　　　　　　　　　　　　　　　　　　〕

社内様式「出生時育児休業中の就業日等撤回届」

就業日の同意をした後に撤回
をする場合の届書です。

社内様式 19

出生時育児休業中の就業日等撤回届

殿

[申出日]　2023 年　7 月 10 日
[申出者] 所属　営業部
氏名　渋谷　太郎

　私は、育児・介護休業等に関する規則（第9条の2）に基づき、　2023 年　6 月 30 日に同意した出
生時育児休業中の就業日等について、〔全部・一部〕撤回します。

撤回する就業日等を記載
〔2023年　7 月　28日（金曜日）　　13 時　00分〜 17 時 30 分

　　　年　　月　　日（　曜日）　　　時　　分〜　時　　分〕

休業開始日以降の撤回の場合は、撤回理由を記載（開始日前の場合は記載不要）

〔　　　　　　　　　　　　　　　　　　　　　　　　　　　　　　　　〕

社内様式20

出生時育児休業中の就業日等通知書

渋谷　太郎　　殿

2023 年　7 月 12 日
会社名　株式会社目黒商事

　あなたから　2023 年　7 月 10 日に出生時育児休業中の就業日等の〔全面同意・一部同意・(撤回)〕が
ありました。育児・介護休業等に関する規則（第９条の２）に基づき、就業日等を下記のとおり通知します。

記

1　休業の期間	2023 年　7 月 24 日（月曜日）から　2023 年　7 月 31 日（月曜日）（　8 日）
2　就業日等 　申出撤回	(1) あなたが　　2023 年　7 月 10 日にした出生時育児休業中の就業日等の同意は撤回されました。 (2) あなたが　　　年　　月　　日に同意した出生時育児休業中の就業日等について、　　　年　　月　　日に撤回届が提出されましたが、撤回可能な事由(※)に該当しないため撤回することはできません。当該日に休む場合は、事前に　　　課まで連絡してください。
3　就業日等	就業日合計　　　1 日（就業可能日数上限　　　3 日） 労働時間合計　2.5 時間（就業可能労働時間上限　21 時間） ①2023年　7 月 26日（水曜日）　9 時 30分～ 12 時 00分 　（休憩時間　　時 分～　時 分） ②　　年　　月　　日（　曜日）　　時　分～　　時　　分 　（休憩時間　　時 分～　時 分） ※就業場所、業務内容等特記事項があれば記載
4　その他	上記就業日等に就業できないことが判明した場合は、なるべく判明した日に 人事 課まで連絡してください。

（※）休業開始日以降に就業日等を撤回可能な事由
一　出生時育児休業申出に係る子の親である配偶者の死亡
二　配偶者が負傷、疾病又は身体上若しくは精神上の障害その他これらに準ずる心身の状況により出生時育児休業申出に係る子を養育することが困難な状態になったこと
三　婚姻の解消その他の事情により配偶者が出生時育児休業申出に係る子と同居しないこととなったこと
四　出生時育児休業申出に係る子が負傷、疾病又は身体上若しくは精神上の障害その他これらに準ずる心身の状況により、２週間以上の期間にわたり世話を必要とする状態になったとき

上記が厚生労働省令で定める事由ですが、事業主が幅広く撤回を認めることは差し支えありません

本人が同意し、最終的に確定した就業日を記載します。

9 育休中のお金はどうなる？①

育児休業期間中の社会保険料の免除

育児休業期間中は申し出ることによって社会保険料(健康保険料、介護保険料: 40歳以上、厚生年金保険料)が免除になります。

Check!

育休中の社会保険料免除は、届出を出すことによって育児休業期間中のうち、原則として月末が含まれる月の社会保険料が本人分・会社分ともに免除となる制度です。ただし、短期間の休業の場合は、後述のように条件がありますので注意が必要です。

雇用保険料は、産休の場合と同様に免除はありません。育休中の給与が無給の場合は0円、育休中に給与の支給がある場合は、給与に対して定率の雇用保険料が徴収されます。

具体的には、育休開始月から育休終了日の翌日の属する月の前月まで免除
例)3/31〜8/31まで育児休業取得　の場合
⇒　3月分〜8月分まで免除　（4月給与控除分〜9月給与控除分まで免除）

育児休業期間中の社会保険料免除の条件

毎月徴収される社会保険料と、賞与に対する社会保険料とでは以下のように免除の条件が異なります。

> 毎月の社会保険料：月末に育児休業をしている　または
> 　　　　　　　　　開始・終了が同月内であって14日以上
> 　　　　　　　　　育児休業をしていること
> 賞与の社会保険料：賞与支給月の月末に育児休業をしている
> 　　　　　　　　　かつ　1カ月超育児休業をしていること

取得期間による
免除の違い

賞与支給日
12/10

11月	12月	1月

11/14〜12/24休業 → 12月賞与免除 ✕ ○ 11月分保険料免除
（12月給与控除分免除）

12/14〜12/29休業 ○ （12月分保険料免除）
（1月給与控除分免除）

12/10〜12/20休業 保険料免除なし

12月賞与免除 ✕ 12/1〜12/31休業 → ○ 12月分保険料免除
（1月給与控除分免除）

12/1〜1/1休業 → ○ 12月分給与・賞与保険料免除
（12月賞与・1月給与控除分免除）

 **実務ポイント** 賞与の社会保険料免除の「1カ月超」の期間に注意

1カ月超の期間は、翌月の同日以降である必要があります。翌月に応当日が無い場合は、翌月の末日までを1カ月としますので、さらにその翌日までの休業が必要です。

例：5/31から開始の場合
　　6/31がないので6/30でちょうど1カ月、免除を受けるためには7/1まで休業が必要です。

 **実務ポイント** 短期間休業の場合の注意点

事例① 同月内で複数回育児休業を取得する場合
(1/1〜7＆1/13〜19休業)

1月																		
1	2	3	4	5	6	7	8	9	10	11	12	13	14	15	16	17	18	19

⇒ 1月免除OK:同月内に開始・終了した休業は合算して
14日以上あれば免除可能

事例② 出生時育児休業期間中に就業した場合
(1/4〜1/17出生時育児休業14日、うち2日就業)

1月				就業								就業						
1	2	3	4	5	6	7	8	9	10	11	12	13	14	15	16	17	18	19

⇒ 1月免除不可:出生時育児休業中の就業日数は
育休の日数から除くため14日未満となり免除不可

事例③ 複数の休業期間の間も就業をしていない場合(休日、年休など)
(12/31〜1/6＆1/10〜1/23休業、間の1/7〜1/9は休日のため就業無し)

12月		1月																						
30	31	1	2	3	4	5	6	7	8	9	10	11	12	13	14	15	16	17	18	19	20	21	22	23	24

育児休業① 育児休業②

⇒ 1月免除不可:労務に服さない日を挟んで複数回取得している場合は
免除においては実質的に連続している育児休業等とみなされる
12/31〜1/23をひと続きの期間とみなし、1月の月末に休業していないため
免除不可(12月は免除OK)

書類名

健康保険・厚生年金保険　育児休業等取得者申出書

提出先

健康保険：協会けんぽ　または　健康保険組合

厚生年金：日本年金機構（事務センター）

※協会けんぽの場合は日本年金機構に提出

手続きの流れ

①会社が必要事項を記載

②各保険者に提出

※本人の作業は特にありません

添付書類

なし

提出日

育児休業期間中または育児休業終了後1カ月以内

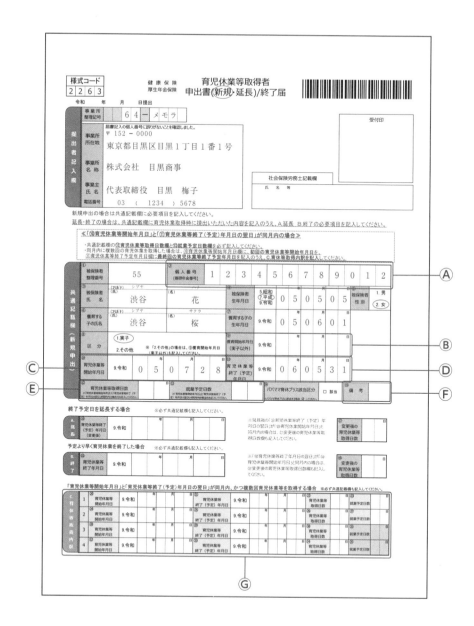

	申出書は、育児休業等期間中または、育児休業等終了日から起算して1カ月以内の期間に提出してください。
Ⓐ	②基礎年金番号（10桁）を記載する場合は左詰めで記載します。健保組合提出用には記載不要です。
Ⓑ	養子等の場合は⑧の「2．その他」に〇をつけて、⑨に養育開始年月日を記入します。
Ⓒ	⑩出産した女性の場合、最も早くて出産日から57日目の日付になります。男性の場合は出産予定日以降で本人が申し出た日を記入します。養子の場合は⑨の養育開始年月日以降の日付となります。※同月内に複数回取得する場合は、1回目の育児休業の初日を記入します。
Ⓓ	⑪1歳までの育児休業の場合、最長で子が1歳の誕生日の前日までとなります。※同月内に複数回取得する場合は、最後の育児休業の終了日を記入します。
Ⓔ	⑫育児休業等取得日数及び⑬就業予定日数は、「開始日」と「終了日の翌日」が同月内にある場合は必ず記入します。※同月内に複数回取得する場合はその合計日数を記入します。
Ⓕ	⑮男性が⑦の生年月日よりも早い日付（出産予定日以降）から育児休業を取得する場合には出産予定日を備考欄に記入します。
Ⓖ	同月内に複数回育児休業等を取得した場合は、それぞれの育児休業等の開始日・終了日・育児休業等取得日数・就業予定日数を記入します。

10　育休中のお金はどうなる？②

育児休業期間中の給与

　育児休業期間中は無給とする会社が多いですが「最初の〇日間を有給とする」「一部を有給（月給の〇％を支給など）とする」などの制度を設けている会社もあります。

　育児休業期間中の給与が100％保障されることは難しいですが、給与の補填として「育児休業給付金」の制度があります。

育児休業給付金（出生時育児休業給付金）

　法定の育児休業期間（または出生時育児休業期間）については、受給資格を満たした場合に、ハローワークから育児休業給付金（出生時育児休業給付金）が支給されます。

　育児休業給付金を受給できるのは原則1歳までです。1歳以降は条件を満たした場合のみ給付金の延長が可能です（第5章[13]参照）。

　「育児休業給付金」と「出生時育児休業給付金」では一部取扱いが異なりますので、第5章[11][12]でそれぞれ説明します。

11 育児休業給付金

育児休業給付金の受給資格

①1歳未満（※1）の子を養育するために育児休業を取得した被保険者であること

②休業開始前2年間に賃金支払基礎日数（※2）が11日以上（または就業時間数が80時間以上）ある完全月が12カ月以上あること

③【有期契約の場合】子が1歳6カ月に達するまでに労働契約期間が満了することが明らかでないこと

※1　パパ・ママ育休プラスの場合は1歳2カ月、延長の場合は1歳6カ月または2歳

※2　給与の支払いの基になった日数：月給制の場合は原則暦日数、日給制・時給制の場合は労働日ベース

Check!

育児休業給付金の受給資格があるかないかについて、②の要件が重要になります。入社1年未満で育児休業を取得した場合や育児休業前に欠勤などが多かった場合に要件を満たせず、会社で育児休業は取得できても育児休業給付金の受給ができないということがあり得ます。

実務ポイント　受給資格を得るために

事例①　第1子の育休中に第2子を妊娠・育児休業

　育児休業開始前2年間に疾病・負傷等のやむを得ない理由により、引き続き30日以上賃金の支払いが無い期間がある場合は、その期間を2年間に加算して最長4年間で12カ月のカウントが可能となります。

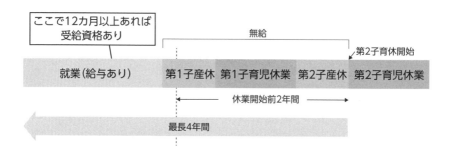

事例②　転職後1年未満で妊娠・育児休業

　転職後の会社で育児休業開始までに1年未満であっても、前職の会社を離職後1年以内の再就職で、基本手当（いわゆる失業給付）の受給資格決定がされていなければ前職の期間分も通算が可能です。

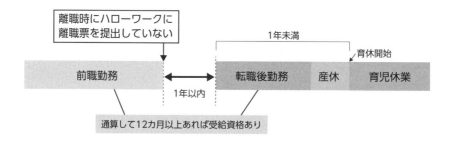

いくらもらえる？（支給金額）

支給金額は
休業開始時賃金日額 × **支給日数** × 67（50）％
　　　（※1）　　　　　（※2）

　支給開始から180日までは67％、181日目以降は50％の支給率となります。出生時育児休業給付金を受給した場合は、その日数が180日のカウントに含まれます。

※1　育児休業開始前6カ月間に支払われた賃金総額を180日で除した額です。
※2　支給日数は、支給単位期間（育児休業開始日から起算して1カ月ごとに区切った各期間）について30日間、休業終了日を含む支給単位期間は実暦日数となります。

支給限度額

休業開始時賃金日額には限度額があり、毎年8月に改定されます。
令和6年7月31日までは、休業開始時賃金日額の

上限額：15,430円、下限額：2,746円

となっています。
1カ月あたり（1支給単位期間：30日）で計算すると、

給付率67％：支給上限額　310,143円、下限額　55,194円
給付率50％：支給上限額　231,450円、下限額　41,190円

となります。

育児休業中に給与の支給がある場合は？

　育児休業期間を対象として給与を支給された場合は、その金額に応じて給付金は不支給または減額支給となります。少額であれば併給も可能です。

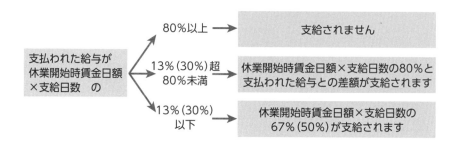

支払われた給与が
休業開始時賃金日額
×支給日数　の

80％以上 → 支給されません

13％（30％）超
80％未満

休業開始時賃金日額×支給日数の80％と
支払われた給与との差額が支給されます

13％（30％）
以下

休業開始時賃金日額×支給日数の
67％（50％）が支給されます

支給要件は？

　支給単位期間について次の要件をすべて満たしている場合に支給対象となります。

①支給単位期間の初日から末日まで継続して被保険者資格を有していること。
②支給単位期間に、就業していると認められる日数が10日以内であること。
　（10日を超える就業をした場合、就業時間が80時間以下であること）
③支給単位期間に支給された賃金額が、休業開始時の賃金月額の80％未満であること。

支給される期間は？

　育児休業開始日から、子が1歳に達する日（1歳の誕生日の前日）の前日までの期間です。

12/5	12/6	12/7	12/8 1歳に 達する日	12/9 1歳 誕生日

1歳の誕生日の前々日まで

書類名

育児休業給付受給資格確認票・(初回)育児休業給付金支給申請書

雇用保険被保険者休業開始時賃金月額証明書※

※出生時育児休業給付金を申請済みの場合、育児休業2回目の給付申請の場合は提出不要です。

提出先

ハローワーク

手続きの流れ

①本人が受給資格確認票に口座番号などを記入、署名

②会社が賃金月額証明書を作成、受給資格確認票にて証明

③ハローワークに提出(または電子申請)

添付書類

・育児の事実、出産日の確認ができるもの

　⇒母子手帳(出生届出済み証明のページ)の写しなど

・賃金月額証明書や申請書に記載した賃金の確認ができるもの

　⇒賃金台帳、出勤簿等

・育児休業申出書(主に男性／女性が産休に引き続き出産後57日目から育児休業を取得している場合は不要)

など

提出日

受給資格確認と初回申請を同時に行う場合:

育児休業開始日から起算して4カ月を経過する日の属する月の末日まで。

原則2つの支給単位期間ごとに申請します。

記入例「育児休業給付受給資格確認票・（初回）育児休業給付金支給申請書」

初回申請の場合は記載不要です。出生時育児休業を取得済み、または育児休業2回目以降の場合は「1」を記入します。

本人出産の場合は記載不要です。本人出産以外で、出産予定日が実出産日より早く、かつ実出産日より前から育児休業を取得する場合は記載が必要です。

支給単位期間中に支払われた賃金を記入します。育児休業期間外を対象とした賃金は含めません。

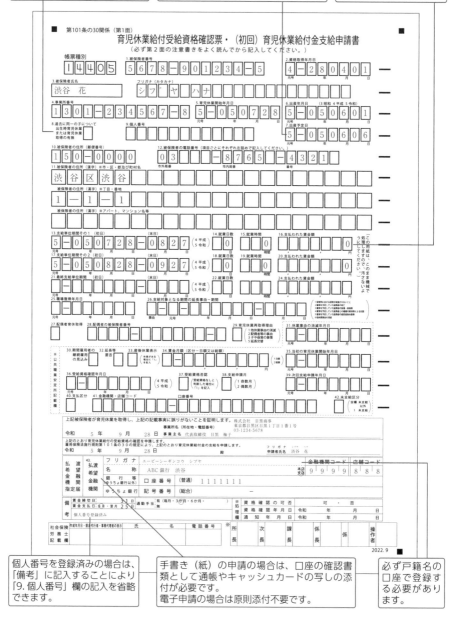

個人番号を登録済みの場合は、「備考」に記入することにより「9. 個人番号」欄の記入を省略できます。

手書き（紙）の申請の場合は、口座の確認書類として通帳やキャッシュカードの写しの添付が必要です。電子申請の場合は原則添付不要です。

必ず戸籍名の口座で登録する必要があります。

112

育児休業開始日の前日から遡った1カ月ごとの期間を記載します。

会社の給与計算期間に基づいて記載します。

産前産後休業の期間や欠勤などがある場合は備考欄に記載します。

様式第10号の2の2

雇用保険被保険者 休業開始時賃金月額証明書
所定労働時間短縮開始時賃金証明書（安定所提出用）（介護・育児）

① 被保険者番号	5678-901234-5	③ フリガナ	シブヤ ハナ	④ 休業等を	年 月 日
② 事業所番号	1301-234567-8	休業等を開始した者の氏名	渋谷 花	開始した年月日	令和 5 7 28
⑤ 名称	株式会社目黒商事	⑥ 休業等を	〒150-0000		
事業所所在地	東京都目黒区目黒1丁目1番1号	開始した者の	東京都渋谷区渋谷1丁目1番1号		
電話番号	03-1234-5678	住所又は居所 電話番号（03）8765 - 4321			

この証明書の記載は、事実に相違ないことを証明します。

事業主 住所 東京都目黒区目黒1丁目1番1号
氏名 株式会社目黒商事 代表取締役 目黒 梅子

休業等を開始した日前の賃金支払状況等

⑦休業等を開始した日の前日に離職したとみなした場合の被保険者期間算定対象期間	⑧⑦の期間における賃金支払基礎日数	⑨賃金支払対象期間	⑩⑨の基礎日数	⑪ 賃金額			備考
				Ⓐ	Ⓑ	計	
休業等を開始した日 7月28日							
6月28日～ 休業等を開始した日の前日	0日	7月 1日～ 休業等を開始した日の前日	0日	0			自 R5.4.21
5月28日～ 6月27日	0日	6月 1日～ 6月27日	0日	0			至 R5.7.27
4月28日～ 5月27日	0日	5月 1日～ 5月31日	0日	0			98日間
3月28日～ 4月27日	4日	4月 1日～ 4月30日	0日	0			産前産後休業
2月28日～ 3月27日	28日	3月 1日～ 3月31日	31日	280,000			自 R5.4.1
1月28日～ 2月27日	28日	2月 1日～ 2月28日	28日	280,000			至 R5.4.20
12月28日～ 1月27日	28日	1月 1日～ 1月31日	31日	280,000			欠勤
11月28日～ 12月27日	30日	12月 1日～ 12月31日	31日	280,000			賃金支払無し
10月28日～ 11月27日	30日	11月 1日～ 11月30日	30日	280,000			
9月28日～ 10月27日	30日	10月 1日～ 10月31日	31日	280,000			
8月28日～ 9月27日	31日						
7月28日～ 8月27日	31日						
6月28日～ 7月27日	30日						
5月28日～ 6月27日	31日						
4月28日～ 5月27日	30日						
3月28日～ 4月27日	31日						

⑬賃金に関する特記事項

休業開始時賃金月額証明書
所定労働時間短縮開始時賃金証明書 受理
令和 年 月 日
（受理番号 号）

⑭（休業開始時における）雇用期間 イ 定めなし ロ 定めあり → 令和 年 月 日まで（休業開始日を含めて 年 カ月）

※公共職業安定所記載欄

賃金支払基礎日数11日以上の月の記載が最低6カ月以上必要です。
産休中に賃金が支給される場合は、産休前6カ月まで遡って賃金を記載することにより、育休前6カ月の賃金と産休前6カ月の賃金を比べて高い方で計算してもらえます（ただし上限あり）。

社会保険労務士記載欄 作成年月日・提出代行者・事務代理者の表示 氏名 電話番号

所長 次長 課長 係長 係

3カ月以内ごとに支払われる賃金（賞与）がある場合は⑬欄に記入します。

休業開始前2年間に賃金支払基礎日数11日以上の月が12カ月必要です。足りない場合は「続紙」に記載します。

有期雇用契約者の場合は契約期間を記載します。

第5章 育休ってどんな制度？

113

12

出生時育児休業給付金

出生時育児休業給付金の受給資格

①子の出生日から起算して8週間を経過する日の翌日までの期間内に、4週間
（28日）を限度とする産後パパ育休を取得した被保険者であること

②休業開始前2年間に賃金支払基礎日数が11日以上（または就業時間数が80
時間以上）ある完全月が12カ月以上あること

※育児休業給付金と同じです

③【有期契約の場合】子の出生日から起算して8週間を経過する日の翌日から6
カ月を経過する日までに労働契約期間が満了することが明らかでないこと

いくらもらえる？（支給金額）

支給金額は
休業開始時賃金日額 × **休業期間日数** × 67%
　　　　　　　　　　　　（上限28日）

休業開始時賃金日額は育児休業給付金と同じです。

賃金日額の上限額も同じ15,430円（令和6年7月31日まで）ですので、出生時育
児休業給付金の上限額は、下記の通りです。

15,430円×28日×67％＝289,466円

出生時育児休業中に給与の支給がある場合は？

　出生時育児休業期間を対象として給与を支給された場合は、その金額に応じて給付金は不支給または減額支給となります。少額であれば併給も可能です。

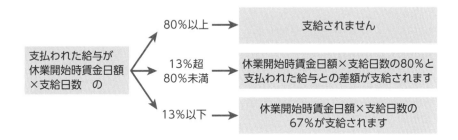

支給要件は？

①出生時育児休業の初日から末日まで継続して被保険者であること。
②休業期間中の就業日数が、最大10日以内であること。
　（10日を超える就業をした場合、就業時間が80時間以下であること）
③出生時育児休業期間中に支給された賃金が休業開始時賃金日額×休業期間日数の
　80％未満であること。

　②の要件である、就業可能日数の10日（就業時間80時間）については、休業期間が28日の場合の数字です。休業期間が28日間より短い場合はその日数に比例して短くなります。

　例：10日間の休業
　　　10日×10/28≒3.57　⇒　4日（端数切り上げ）以下
　　　80時間×10/28≒28.57時間（端数処理なし）以下

書類名

育児休業給付受給資格確認票・出生時育児休業給付金支給申請書

雇用保険被保険者休業開始時賃金月額証明書

提出先

ハローワーク

手続きの流れ

①本人が受給資格確認票に口座番号などを記入、署名

②会社が賃金月額証明書を作成、受給資格確認票にて証明

③ハローワークに提出(または電子申請)

添付書類

・育児の事実、出産日の確認ができるもの
　⇒母子手帳(出生届出済み証明のページ)の写しなど

・育児休業申出書

・母子手帳の分娩予定日のページなど出産予定日が確認できるもの(育児休業
　申出書に記載があれば省略可)

・賃金月額証明書や申請書に記載した賃金の確認ができるもの⇒賃金台帳、出
　勤簿等
　など

提出日

　子の出生日から起算して8週間を経過する日の翌日から申請が可能／申請期限
はその日から起算して2カ月が経過する日の属する月の末日まで。

　出生時育休を2回に分割する場合もまとめて申請します。

記入例 「育児休業給付受給資格確認票・出生時育児休業給付金支給申請書」

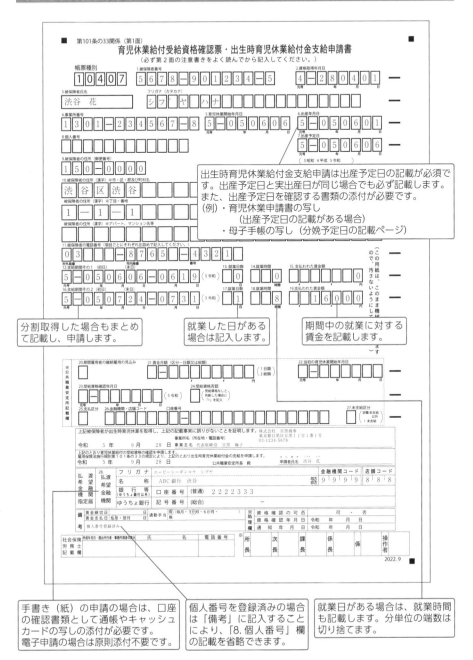

■ 第101条の33関係（第1面）

育児休業給付受給資格確認票・出生時育児休業給付金支給申請書
（必ず第2面の注意書きをよく読んでから記入してください。）

帳票種別 `1 0 4 0 7`

1.被保険者番号 `5 6 7 8 - 9 0 1 2 3 4 - 5`

2.資格取得年月日 `4 - 2 8 0 4 0 1` 元号 年 月 日

3.被保険者氏名 渋谷 花
フリガナ（カタカナ） `シブヤ ハナ`

4.事業所番号 `1 3 0 1 - 2 3 4 5 6 7 8`

5.育児休業開始年月日 `5 - 0 5 0 6 0 6`

6.出産年月日 `5 - 0 5 0 6 0 6` 元号

7.出産予定日 `5 - 0 5 0 6 0 6` 元号 年 月 日 （3 昭和 4 平成 5 令和）

8.個人番号

9.被保険者の住所（郵便番号） `1 5 0 - 0 0 0 0`

10.被保険者の住所（漢字）※市・区・郡及び町村名 渋 谷 区 渋 谷

被保険者の住所（漢字）※丁目・番地 `1 - 1 - 1`

被保険者の住所（漢字）※アパート、マンション名等

11.被保険者の電話番号（項目ごとにそれぞれ詰めて記入してください。）
市内局番 `0 3` 市内局番 `- 8 7 6 5` 番号 `- 4 3 2 1`

12.支給期間その1（初日） `5 - 0 5 0 6 0 6` 元号 （末日） `1 9` （5 令和）
13.就業日数 `0 0`
14.就業時間 `0 0` 時間
15.支払われた賃金額 `0` 円

16.支給期間その2（初日） `5 - 0 5 0 7 2 4` 元号 （末日） `0 7 3 1` （5 令和）
17.就業日数 `1` 日
18.就業時間 `1 8` 時間
19.支払われた賃金額 `1 6 0 0 0` 円

> 出生時育児休業給付金支給申請は出産予定日の記載が必須です。出産予定日と実出産日が同じ場合でも必ず記載します。また、出産予定日を確認する書類の添付が必要です。
> （例）・育児休業申請書の写し
> （出産予定日の記載がある場合）
> ・母子手帳の写し（分娩予定日の記載ページ）

分割取得した場合もまとめて記載し、申請します。

就業した日がある場合は記入します。

期間中の就業に対する賃金を記載します。

20.期間雇用者の継続雇用見込み
21.賃金月額（区分─日額又は総額） （1 日額）（2 総額）
22.当初育児休業開始年月日 元号 年 月 日

23.受給資格確認年月日 元号 年 月 日 （5 令和）
24.受給資格否認 受給資格がないと判断した場合に「1」を記入
25.支払区分
26.金融機関・店舗コード
口座番号
27.未支給区分 0 支給未支給以外 1 未支給

※公共職業安定所記載欄

上記被保険者が出生時育児休業を取得し、上記の記載事実に誤りがないことを証明します。 株式会社 目黒商事 事業所所名（所在地・電話番号） 東京都目黒区目黒1丁目1番1号
令和 5 年 9 月 28 日 事業主名 代表取締役 目黒 梅子 03-1234-5678

上記のとおり育児休業給付金の受給資格の確認を申請します。
雇用保険法施行規則第101条の33の規定により、上記のとおり出生時育児休業給付金の支給を申請します。
令和 5 年 9 月 28 日 公共職業安定所長 殿
フリガナ シブヤ ハナ 申請者名 渋谷 花

28.	払渡希望金融機関指定届	払渡希望金融機関	フリガナ エービーシーギンコウ シブヤ		金融機関コード	店舗コード
			名 称 ABC銀行 渋谷	銀行等	`9 9 9 9`	`8 8 8`
			銀 行 等（ゆうちょ銀行以外） （普通） 口座番号 `2 2 2 2 3 3 3`			
			ゆうちょ銀行 記号番号 （総合）			

備考	賃金締切日 賃金支払日（毎月・翌月） 日 通勤手当（毎月・3か月・6か月） 個人番号登録済み	※処理	資格確認の可否 可 ・ 否 資格確認年月日 令和 年 月 日 確認年月日 令和 年 月 日

社会保険労務士記載欄	作成年月日・提出代行者・事務代理者の表示	氏 名	電話番号	※ 所長	次長	課長	係長	係	操作者

2022.9

手書き（紙）の申請の場合は、口座の確認書類として通帳やキャッシュカードの写しの添付が必要です。電子申請の場合は原則添付不要です。

個人番号を登録済みの場合は「備考」に記入することにより、「8.個人番号」欄の記載を省略できます。

就業日がある場合は、就業時間も記載します。分単位の端数は切り捨てます。

117

13

育休を延長するときの
給付金手続きは？

育児休業給付金の延長

　第5章[3]で説明したように、保育所等に預けられない場合など、子が1歳に達する日後に育児休業を取得する場合は、1歳6カ月に達する日の前日まで育児休業給付金の延長が可能です。さらに、同様の特別な事情がある場合には、2歳に達する日の前日まで給付金の延長が可能です。

Check!

　1歳以降の育児休業を取得(延長)する場合のほとんどの事由が保育所等に預けられない場合です。それに伴って育児休業給付金の延長を受けるためには以下の要件を満たすことが必要です。

①市区町村で1歳の誕生日(1歳6カ月応当日)以前の日までに保育所等の入所申込みを行っていること

②入所希望日を1歳の誕生日(1歳6カ月応当日)以前の日としていること

添付書類

　市区町村が発行した「入所保留通知(入所不承諾通知)」など

　※上記の内容に不足がある場合は追加書類を求められることもあります。

　※配偶者の負傷、疾病、死亡等や離婚などその他の特別な事情で延長する場合は、それぞれ添付書類が異なります。

記入例「育児休業給付金支給申請書」（延長）

延長の申請をする場合は、どちらの申請でも可能です。
①このケースのように支給終了年月日より一つ前の支給単位期間の申請の際に行う
②支給終了年月日を含む支給単位期間（060528 － 060627）&（060628 － 060727）の申請の際に行う

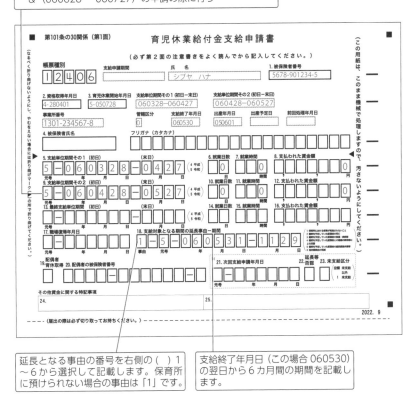

延長となる事由の番号を右側の（　）1～6から選択して記載します。保育所に預けられない場合の事由は「1」です。

支給終了年月日（この場合 060530）の翌日から6カ月間の期間を記載します。

14

育休を延長するときの 社会保険料免除の手続きは？

社会保険料免除期間の延長

　1歳未満の育児休業の期間を1歳まで延長する場合や、保育所等に預けられず1歳6カ月（さらに2歳）まで延長するような場合には、「育児休業取得者申出書」を提出し、社会保険料免除の期間を延長する手続きを行います。

Check!

　育児休業期間を延長する場合には、当初申し出ている育児休業期間の開始年月日・終了年月日はそのまま記載し、「育児休業等終了（予定）年月日（変更後）」の欄に、延長後の日付を記載します。

社会保険料免除は子が3歳まで

　法定の育児休業は、最長で子が2歳の誕生日前日まで取得が可能ですが、社会保険料の免除に関しては「1歳から3歳に達するまでの子を養育するための育児休業に準ずる休業」を取得した場合も免除を申し出ることができます。会社独自で2歳以降の育児休業を認めている場合には、子が3歳の誕生日の前日までは社会保険料の免除が受けられます。

記入例「育児休業等取得者申出書」（延長）

延長・短縮の場合は、共通記載欄に届出済みの申出内容と同じ内容を記入します。

申出書は、育児休業等期間中または、育児休業等終了日から起算して1カ月以内の期間に提出してください。

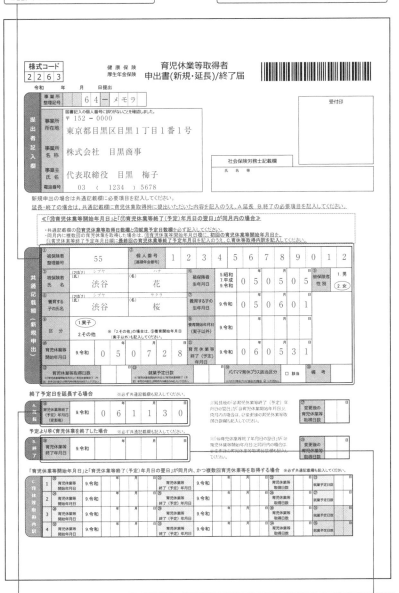

延長の場合は、⑯の欄に延長後の育児休業等終了年月日を記入します。

当初の育児休業終了予定日よりも早く復帰した場合などは⑱に変更後の終了年月日を記入します。

第5章　育休ってどんな制度？

121

15 育休中の年休はどうなる？ 健康診断は？

育児休業中の年次有給休暇

　育児休業中に年次有給休暇を取得できるかについては、原則として取得できません。年休は労働義務のある日に請求できるものですので、育児休業を申出していて労働義務が免除された日には使う余地が無いからです。ただし、育児休業申出前から時季指定されていたり、計画的付与で決定していた日については育児休業期間中であっても年休が取得できるとされています。

　年次有給休暇の付与の条件である出勤率8割の計算においては、法定の産休・育休期間は出勤したものとみなされます。よって、育児休業を取得しても不利になることはありません。

　育児休業期間中に年休の付与日が来た場合、上述のように育児休業期間中は付与された年休を使用することはできませんので、復職後に使用することになります。

育児休業中の健康診断

　会社は年に1回の定期健康診断を行う義務がありますが、定期健康診断実施時期に育児休業等で休業中の者に関しては、実施しなくても差し支えないとされています。

　休業中のため定期健康診断を実施しなかった場合には、復帰後速やかに健康診断を行うものとされています。

復職後には何がある？

1 復職時にもヒアリングをしよう

復職時のヒアリング・面談

　育児休業期間の終了日が近づいてきたら、ある程度の余裕を持った期間で復職時のヒアリング・面談を行いましょう。確認内容としては、以下のような項目が考えられます。

- ☑ 育児休業期間の変更(延長・短縮)はあるか?
- ☑ 復職後に時間外労働の免除や育児短時間勤務など、制度利用の希望はあるか?
- ☑ 保育所の慣らし保育等の対応で年休利用があるか?(実際の出社日はいつからか?)
- ☑ その他配慮が必要な事項はあるか?

　復帰日を確定するために「復職願(復職届)」といった社内様式で申請をさせる会社もあります。復職に関する届出が必要な場合は、ヒアリング・面談時にいつまでに提出が必要か案内しましょう。

2 時短勤務をしたい

育児時間

　1歳未満の子を育てる女性は、1日2回各30分ずつ、その子を育てるための「育児時間」を請求することができます（子が1歳に達するまで）。

Check!

　「育児時間」とは、女性のみが取得できる制度です。この育児時間は、労働時間の途中でも、就業時間の始めと終わりでも請求できます。また、2回分を連続で始業時や終業時にまとめて取得することも可能です。

　1日の労働時間が4時間以内の場合には、1日1回（30分）の育児時間を付与すればよいとされています。

　なお、育児時間は無給でも有給でも構いませんので、会社の規定によって対応します。

実務ポイント　育児短時間勤務代わりに利用

　子が1歳未満であれば、後述の「育児短時間勤務」の制度を使わなくても、「育児時間」を請求することによって最大1時間短縮して勤務することが可能になります。

　また、育児短時間勤務を利用した上で更に育児時間を取得し、労働時間を短縮することも可能です。

第6章 復職後には何がある？

育児短時間勤務

3歳未満の子を養育する労働者(日雇い除く)は、申出をすることにより短時間勤務制度を利用することができます。

Check!

短時間勤務制度(所定労働時間の短縮措置)は、1日の労働時間を原則として「6時間」とする措置を含むものとしなければなりません。

所定労働時間が6時間となる勤務が最低ひとつでも設定されていればよいので、たとえば9:30〜16:30(休憩1時間)の固定とすることも可能です。あるいは、6時間であれば社員が任意の時間帯を選択できる制度や5時間、6時間、7時間の中から選択できる制度なども可能です。

(例) 所定労働時間8時間	
⇒短時間勤務利用で:8時間−2時間=6時間	短時間勤務措置 ▲2H

※子が1歳までは育児時間との併用可

(例) 所定労働時間8時間		
⇒短時間+育児時間利用で:8時間−3時間=5時間	育児時間 ▲30分×2	短時間勤務措置 ▲2H

育児短時間勤務の対象者

1日の所定労働時間が6時間以下の労働者は適用が除外されています。その他労使協定を定めることにより除外されるものがいます。

根拠	無期雇用 (正社員など)	有期雇用(契約社員・ パート・アルバイト)
法律による除外	1日の所定労働時間が6時間以下	
労使協定による除外	・入社1年未満 ・週2日以下の勤務 ・業務の性質または実施体制に照らして短時間勤務が困難と認められる業務※	

左ページの下の表（※）の「業務の性質または実施体制に照らして短時間勤務が困難と認められる業務」については、「子の養育又は家族の介護を行い、又は行うこととなる労働者の職業生活と家庭生活との両立が図られるようにするために事業主が講ずべき措置等に関する指針」に例示があります。交替制勤務の製造業務など非常に限定的です。

　また、（※）の業務を除外する場合には、次のいずれかの代替措置を講じる必要があります。

・育児休業に関する制度に準ずる措置
・フレックスタイム制
・始業・終業時刻の繰上げ、繰下げ
・保育施設の設置運営、その他これに準ずる便宜供与
　（ベビーシッターの費用補助など）

育児短時間勤務の手続き

　「育児短時間勤務申出書（社内様式）」により会社に申出してもらいます。申出期限は「1カ月前まで」など会社が決定します。

Check!

　短時間勤務制度を利用するための手続き（いつまでに申出が必要かなど）については、法律上の定めがなく、一義的には会社が定めることが可能です。ただし、制度を利用する労働者に過重な負担にならないように配慮が必要です。他の育児休業制度の手続きを参考にしつつ、適切に定めることが求められます。

実務ポイント 申出期限は「1カ月前」までが多い

　育児休業の申出や、後述する所定外労働の免除の申出などは利用希望の「1カ月前」までとなっていることが多いため、短時間勤務制度も同様にするケースが多いです。

　育児休業から復帰後すぐに短時間勤務を利用したい社員は育児休業中に申出が必要になりますので、事前に周知しておき、復職時の面談等で確認をしましょう。

短時間勤務中のお金はどうなる？

　短時間勤務制度利用中の給与・賞与については、ノーワーク・ノーペイの観点から、労働していない時間に応じて減算（時間比例で按分付与）することは問題ありません。ただし、労働時間に関係なく支払われる性質のものは、制度利用者に不利益な取扱いとならないように注意しましょう。

実務ポイント 減算方法は規程をチェック

　月例の給与には、基本給のほかに各種手当を支給している場合があります。手当については、たとえば業務に関連する職務手当は基本給同様に減算するが、業務に関連しない家族手当や住宅手当などは全額支給するなど、手当の種類（性質）で取扱いが異なる場合があります。給与計算時には会社の規程（育児休業規程や給与規程など）をチェックして間違いのないように計算を行います。

　また、制度利用者に対しても分かりやすく規定化したり、説明したりできるようにしておきましょう。

社内様式 11

育児短時間勤務申出書

殿

[申出日] 2024 年 4 月 25 日
[申出者] 所属 経理部
氏名 渋谷 花

　私は、育児・介護休業等に関する規則（第 19 条）に基づき、下記のとおり育児短時間勤務の申出をします。

記

1　短時間勤務に係る子の状況	(1) 氏名	渋谷　桜
	(2) 生年月日	2023 年 6 月 1 日
	(3) 本人との続柄	長女
	(4) 養子の場合、縁組成立の年月日	
	(5) (1)の子が、特別養子縁組の監護期間中の子・養子縁組里親に委託されている子・養育里親として委託された子の場合、その手続きが完了した年月日	
2　1 の子が生まれていない場合の出産予定者の状況	(1) 氏名 (2) 出産予定日 (3) 本人との続柄	
3　短時間勤務の期間	2024 年　6 月　1 日から2025 年　3 月 31 日	
	※　　時　分から　　時　　分まで	
4　申出に係る状況	(1) 短時間勤務開始予定日の 1 か月前に申し出て	いる・いない → 申出が遅れた理由 ［　　　　　　　　　　　　　　　　　］
	(2) 1 の子について短時間勤務の申出を撤回したことが	ない・ある 再度申出の理由 ［　　　　　　　　　　　　　　　　　］

　（注）3-※欄は、労働者が個々に労働する時間を申し出ることを認める制度である場合には、必要となります。

会社の定めた申出期限による
（2 週間前なども可）。

3 保育園のお迎えがあるので残業できません

所定外労働の制限（免除）

　3歳未満の子を養育する労働者（日雇い除く）が「請求」した場合には、事業の正常な運営を妨げる場合を除き、所定労働時間を超えて就業させてはいけません。

Check!

　所定外労働の制限（免除）とは、会社の所定労働時間を超えて働かせる（残業させる）ことができない制度です。法定労働時間ではありませんので、たとえば所定労働時間が7時間の会社の場合は、7時間を超えて働かせることができないということになります。また、休日勤務も所定外労働となりますので、休日労働をさせることはできません。

対象者:
　労使協定で定めた場合は、以下の労働者の適用が除外されます。

根拠	無期雇用 （正社員など）	有期雇用（契約社員・ パート・アルバイト）
労使協定による除外	・入社1年未満 ・週2日以下の勤務	

所定外労働の制限の手続き

　所定外労働の制限については、制度利用開始希望日（制限開始予定日）の「1カ月前」までに会社に申出が必要です。「育児のための所定外労働制限請求書」（社内様式）にて申出をしてもらいます。

　請求にあたっては、1回につき「1カ月以上1年以内」の期間で、開始予定日と終了予定日を明らかにして申出を行うことが必要です。なお、請求回数に制限はありませんので、子が3歳に達するまでの間であれば何度でも請求可能です。

　また、育児短時間勤務中に併せて所定外労働の制限を請求することも可能です。

 実務ポイント　**復職前に制度利用の有無を確認**

　育児短時間勤務の実務ポイントでも述べましたが、育児休業から復帰後すぐに制度を利用したい社員は、育児休業中に申出をしてもらう必要があります。事前に制度を周知しておき、復職前に制度利用の有無を確認しましょう。

　社員に便宜を図って1カ月前よりも短い申出期限で設定することも可能です。

開始予定日より1カ月以上前の請求になっているかチェック。

社内様式8

〔育児・介護〕のための所定外労働制限請求書

殿

〔請求日〕　2024 年　4 月　25 日

〔請求者〕所属　経理部

氏名　渋谷　花

　私は、育児・介護休業等に関する規則（第16条）に基づき、下記のとおり〔育児・介護〕のための所定外労働の制限を請求します。

記

			〔育児〕	〔介護〕
1	請求に係る家族の状況	(1)氏名	渋谷　桜	
		(2)生年月日	2023 年 6 月 1 日	
		(3)本人との続柄	長女	
		(4)養子の場合、縁組成立の年月日		
		(5)(1)の子が、特別養子縁組の監護期間中の子・養子縁組里親に委託されている子・養育里親として委託された子の場合、その手続きが完了した年月日		
		(6)介護を必要とする理由		
2	育児の場合、1の子が生まれていない場合の出産予定者の状況	(1)氏名		
		(2)出産予定日		
		(3)本人との続柄		
3	制限の期間	2024年　6月　3日から2025年　3月　31日まで		
4	請求に係る状況	制限開始予定日の1か月前に請求をして　いる・いない → 請求が遅れた理由　〔　　　　　　　　　　　　　　　　　　〕		

1カ月以上1年以内の期間になっているかチェック。

時間外労働の制限

　小学校就学前の子を養育する労働者(日雇い除く)が「請求」した場合には、事業の正常な運営を妨げる場合を除き、「1カ月24時間、1年150時間」(制限時間)を超える時間外労働をさせてはいけません。

Check!

　「制限時間」は会社の所定労働時間ではなく法定労働時間を超えた時間数になります。

対象者：

以下の労働者は適用が除外されています。

根拠	無期雇用 (正社員など)	有期雇用 (契約社員・ パート・アルバイト)
法律による除外	・入社1年未満 ・週2日以下の勤務	

手続き：

　制限開始予定日の「1カ月前」までに「育児のための時間外労働制限請求書」(社内様式)にて会社に申出が必要です。

　1回の請求につき「1カ月以上1年以内」の期間で開始予定日と終了予定日を明らかにして申出してもらいます。請求の回数に制限はありません。

社内様式「育児のための時間外労働制限請求書」

開始予定日より１カ月以上前の請求に
なっているかチェック。

社内様式9

〔育児・介護〕のための時間外労働制限請求書

　　　　　　殿

［請求日］　2024 年　4 月 25 日
［請求者］所属　経理部
　　　　　氏名　渋谷　花

私は、育児・介護休業等に関する規則（第17条）に基づき、下記のとおり〔育児・介護〕のための時間
外労働の制限を請求します。

記

		〔育児〕	〔介護〕
1　請求に係る家族の状況	(1) 氏名	渋谷　桜	
	(2) 生年月日	2023 年 6 月 1 日	
	(3) 本人との続柄	長女	
	(4) 養子の場合、縁組成立の年月日		
	(5) (1)の子が、特別養子縁組の監護期間中の子・養子縁組里親に委託されている子・養育里親として委託された子の場合、その手続きが完了した年月日		
	(6) 介護を必要とする理由		
2　育児の場合、1の子が生まれていない場合の出産予定者の状況	(1) 氏名 (2) 出産予定日 (3) 本人との続柄		
3　制限の期間	2024年　6月　1日から2025年　3月　31日まで		
4　請求に係る状況	制限開始予定日の1か月前に請求をしている・いない → 請求が遅れた理由 〔　　　　　　　　　　　　　　　　　　　〕		

１カ月以上１年以内の期間
になっているかチェック。

134

深夜業の制限

　小学校就学前の子を養育する労働者(日雇い除く)が「請求」した場合には、事業の正常な運営を妨げる場合を除き、午後10時から午前5時(深夜)に働かせてはいけません。

対象者:

　以下の労働者は適用が除外されています。

根拠	無期雇用 (正社員など)	有期雇用(契約社員・ パート・アルバイト)
法律による除外	・入社1年未満 ・週2日以下の勤務 ・深夜においてその子を保育することができる16歳以上の同居家族等がいる者 ・所定労働時間の全部が深夜にある者	

手続き:

　制限開始予定日の「1カ月前」までに、「育児のための深夜業制限請求書」(社内様式)にて会社に申出が必要です。

　1回の請求につき「1カ月以上6カ月以内」の期間で開始予定日と終了予定日を明らかにして申出してもらいます。請求の回数に制限はありません。

開始予定日より1カ月以上前の
請求になっているかチェック。

社内様式10

〔育児〕・介護〕のための深夜業制限請求書

　　　　　　　　　殿

　　　　　　　　　　　　　　　　　　　　〔請求日〕　2024 年　3 月　1 日
　　　　　　　　　　　　　　　　　　　　〔請求者〕所属　営業部
　　　　　　　　　　　　　　　　　　　　　　　　　氏名　足立　あやめ

　　私は、育児・介護休業等に関する規則（第18条）に基づき、下記のとおり〔育児〕・介護〕のための深夜
業の制限を請求します。

記

		〔育児〕	〔介護〕
1　請求に係る家族の状況	(1)　氏名	足立　椿	
	(2)　生年月日	2023 年 11 月 1 日	
	(3)　本人との続柄	長女	
	(4)　養子の場合、縁組成立の年月日		
	(5)　(1)の子が、特別養子縁組の監護期間中の子・養子縁組里親に委託されている子・養育里親として委託された子の場合、その手続きが完了した年月日		
	(6)　介護を必要とする理由		
2　育児の場合、1の子が生まれていない場合の出産予定者の状況	(1)　氏名 (2)　出産予定日 (3)　本人との続柄		
3　制限の期間	2024 年　4 月　1 日から2024年　9 月　30 日まで		
4　請求に係る状況	(1)　制限開始予定日の1か月前に請求をして 　　いる・いない → 請求が遅れた理由 　　〔　　　　　　　　　　　　　　　　　　　　　　　〕 (2)　常態として1の子を保育できる又は1の家族を介護できる16歳以上の同居の 　　親族が 　　いる・いない		

「いる」場合は、原則として請求
できませんが、法律を上回って認
めることは差し支えありません。

「いない」になって
いるかチェック。

1カ月以上6カ月以内の期間に
なっているかチェック。

4 子どもが熱を出してしまいました

子の看護休暇

　小学校就学前の子を養育する労働者(日雇い除く)は、病気やけがをした子の世話のために1年度につき5日(子が2人以上の場合は10日)、子の看護休暇を取得することができます。

Check!

　「子の看護」には、負傷または疾病による子の看病のほか、病院への付き添いや、子に予防接種や健康診断を受けさせることも含まれます。

　年度については4月1日から翌年3月31日までとなりますが、会社が規程で別段の定めをすることも可能です(たとえば1/1～12/31の1年間とする)。また、年次有給休暇と異なり、使わなかった日数の繰り越しはありません。

　子が2人以上の場合は10日取得できますが、合計で10日であればよく、1人の子で10日取得することも可能です。

対象者:

　労使協定で定めた場合は、以下の労働者の適用が除外されます。

根拠	無期雇用 (正社員など)	有期雇用(契約社員・ パート・アルバイト)
労使協定による除外	・入社6カ月未満 ・週2日以下の勤務	

時間単位の取得

子の看護休暇は1日単位の他、時間単位でも取得することができます。

Check!

時間単位の取得は原則として、始業時刻から連続し、または終業時刻まで連続するものであり、就業時間の途中に取得するいわゆる「中抜け」まで認める必要はありません。ただし、会社独自で認めることは差し支えありません。

時間単位の取得に限っては、「業務の性質または実施体制に照らして時間単位で取得することが困難と認められる業務」に従事する労働者を労使協定により適用を除外することが可能です。

なお、1日単位、時間単位の他、半日単位の取得も認めることができます。

手続き：

子の看護休暇の申出方法は、書面等の提出に限定されておらず、口頭での申出も可能です。「子の看護休暇申出書」(社内様式)など申出書の提出を求める場合でも、子の突然の病気など休暇当日に申出されることもありますので、事前申出の他に事後の申請も認めるようにしましょう。

理由をチェック。

社内様式7

〔子の看護休暇〕・介護休暇〕 申出書

殿

[申出日] 2023 年 12 月 5 日
[申出者] 所属 営業部
　　　　 氏名 渋谷 太郎

　私は、育児・介護休業等に関する規則（第14条及び第15条）に基づき、下記のとおり〔子の看護休暇・介護休暇〕の申出をします。

記

		〔子の看護休暇〕	〔介護休暇〕
1　申出に係る家族の状況	(1) 氏名	渋谷 桜	
	(2) 生年月日	2023 年 6 月 1 日	
	(3) 本人との続柄	長女	
	(4) 養子の場合、縁組成立の年月日		
	(5) (1)の子が、特別養子縁組の監護期間中の子・養子縁組里親に委託されている子・養育里親として委託された子の場合、その手続きが完了した年月日		
	(6) 介護を必要とする理由		
2　申出理由	乳幼児健診に連れていくため		
3　取得する日	2023 年 12 月 8 日 9 時 00 分から 2023 年 12 月 8 日 12 時 00 分まで		
4　備考	年　月　日～　年　月　日（1年度）の期間において		

育児　対象　　人　　日	介護　対象　　人　　日
取得済日数・時間数　　日　　時間	取得済日数・時間数　　日　　時間
今回申出日数・時間数　　日　　時間	今回申出日数・時間数　　日　　時間
残日数・残時間数　　日　　時間	残日数・残時間数　　日　　時間

（注1）当日、電話などで申し出た場合は、出勤後すみやかに提出してください。
　　　　3については、複数の日を一括して申し出る場合には、申し出る日をすべて記入してください。
（注2）子の看護休暇の場合、取得できる日数は、小学校就学前の子が1人の場合は年5日、2人以上の場合は年10日となります。時間単位で取得できます。
　　　　介護休暇の場合、取得できる日数は、対象となる家族が1人の場合は年5日、2人以上の場合は年10日となります。時間単位で取得できます。

日単位でも時間単位でも OK。

139

5 育休を終了するときの 社会保険料免除の手続き

社会保険料免除期間の終了

　社会保険料免除を受けている被保険者が終了予定日より早く育児休業を終了した場合は、届出が必要です。当初の終了予定日通りに終了した場合は届出が不要です。

書類名

　健康保険・厚生年金保険　育児休業等取得者終了届

　※育児休業等取得者申出書と同じ書類です。

提出先

　健康保険：協会けんぽ　または　健康保険組合

　厚生年金：日本年金機構(事務センター)

　※協会けんぽの場合は日本年金機構に提出

手続きの流れ

　①会社が必要事項を記載

　②各保険者に提出

　　※本人の作業は特にありません

添付書類

　なし

提出日

　育児休業終了後速やかに

記入例「育児休業等取得者終了届」

延長・短縮の場合は、共通記載欄に届出済みの申出内容と同じ内容を記入します。

申出書は、育児休業等期間中または、育児休業等終了日から起算して1カ月以内の期間に提出してください。

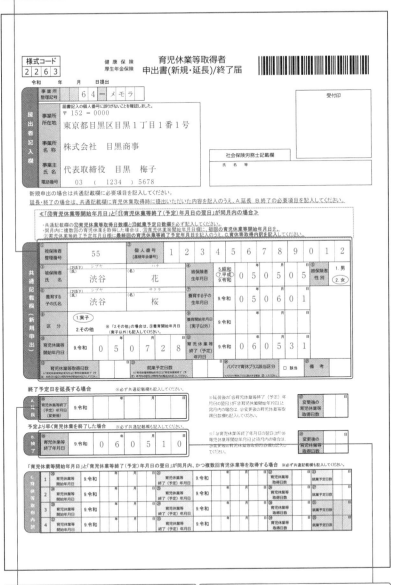

延長の場合は、⑯の欄に延長後の育児休業等終了年月日を記入します（第5章14参照）。

当初の終了予定日よりも早く復帰した場合などは⑱に変更後の終了年月日を記入します。

6 育休を終了するときの 給付金手続き

育児休業給付金の最終申請

　育児休業を終了した場合には、育児休業給付金の最後の申請を行います。

　支給単位期間の途中で復職しているにもかかわらず誤って申請をしてしまうと、支給された給付金を一旦全額返金し、正しい期間(日数)で再申請しなければならなくなりますので注意が必要です。

書類名

　育児休業給付金支給申請書

提出先

　ハローワーク

手続きの流れ

　①申請書に必要事項を記載

　②ハローワークに提出(電子申請)

　　(職場復帰年月日を必ず記載します)

添付書類

　賃金台帳、出勤簿　など

提出日

　(原則)育児休業終了日から2カ月経過後の月末まで

　(※時効は2年間です)

記入例 「育児休業給付金支給申請書（復帰）」

復帰日の前日までを記載します。

■ 第101条の30関係（第1面）

育児休業給付金支給申請書

（必ず第2面の注意書きをよく読んでから記入してください。）

帳票種別
`1 2 4 0 6`

支給申請期間
氏名　シブヤ　ハナ

1. 被保険者番号　`5678-901234-5`

2. 資格取得年月日　`4-280401`
3. 育児休業開始年月日　`5-050728`
支給単位期間その1（初日ー末日）　`060328-060427`
支給単位期間その2（初日ー末日）　`060428-060527`

事業所番号　`1301-234567-8`
管轄区分　`0`
支給終了年月日　`060530`
出産年月日　`050601`
出産予定日
前回処理年月日

4. 被保険者氏名

フリガナ（カタカナ）

5. 支給単位期間その1（初日）　`5 - 0 6 0 3 2 8` （末日）`- 0 4 2 7` （4 平成 / 5 令和）
6. 就業日数 `0` 7. 就業時間 `0 0` 8. 支払われた賃金額 `0` 円

元号　年　月　日
9. 支給単位期間その2（初日）　`5 - 0 6 0 4 2 8` （末日）`- 0 4 3 0` （4 平成 / 5 令和）
10. 就業日数 `0` 11. 就業時間 `0 0` 12. 支払われた賃金額 `0` 円

元号　年　月　日
13. 最終支給単位期間（初日）　`5 - 0 6 0` （末日）`-` （4 平成 / 5 令和）
14. 就業日数 15. 就業時間 16. 支払われた賃金額 円

元号　年　月　日
17. 職場復帰年月日　`5 - 0 6 0 5 0 1`
18. 支給対象となる期間の延長事由ー期間 `-`

事由　元号　年　月　日

19. 配偶者育休取得
20. 配偶者の被保険者番号　`-　-`
21. 次回支給申請年月日　`-　-`
22. 延長等否認
23. 未支給区分 （空欄 未支給以外 / 1 未支給）

元号　年　月　日

その他賃金に関する特記事項
24.
25.

2022. 9

────〈届出の際は必ず切り取ってお持ちください。〉────

復帰日を記載します。

第6章　復職後には何がある？

143

7

時短勤務で 給与が下がった場合は？

育児休業終了時の報酬月額改定（育児休業等終了時改定）

　復職後の被保険者（子が3歳未満に限る）の給与が残業の免除や時短勤務などで下がった場合は、随時改定（2等級以上の差など）の要件に該当しなくても標準報酬を改定することができます（上がる場合も改定できます）。

　標準報酬月額は、育児休業終了日の翌日が属する月以降の3カ月間の平均で算出し、4カ月目から変更されます。

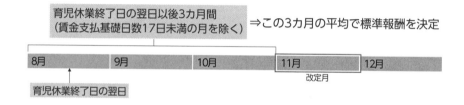

Check!

随時改定（通常の月変）とは以下のような違いがあります。

	育児休業等終了時改定	随時改定（通常の月変）
要件	固定的賃金の変動は不要	固定的賃金の変動が必要
支払基礎日数	育児休業終了後3カ月間に支払基礎日数17日以上の月が1カ月でもあればOK（17日未満の月は除いて計算）	固定的賃金の変動月以降3カ月間のいずれの月も支払基礎日数17日以上あること
等級差	1等級以上の差でOK	2等級以上の差が必要
申出	本人の申出が必要	本人の申出は不要（該当すれば強制的に変更）

144

実務ポイント メリット、デメリット

　育児休業等終了時改定のメリットは通常の月変や年1回の算定を経ずに標準報酬を下げる（保険料を下げる）ことができることです。一方、標準報酬を下げるということは健康保険の給付である傷病手当金等の計算の基礎も下がる（給付金額が下がる）ことになりますので、その点はデメリットです。よって本人の意思確認が必要になります。

書類名

　健康保険・厚生年金保険　育児休業等終了時報酬月額変更届

提出先

　健康保険：協会けんぽ　または　健康保険組合
　厚生年金：日本年金機構(事務センター)
　※協会けんぽの場合は日本年金機構に提出

手続きの流れ

　①会社が必要事項を記載する
　②本人が申出者欄に署名
　　（または会社が届出意思を確認して記入）
　③各保険者に提出

添付書類

　原則不要

提出日

　育児休業終了後、月変に該当したら速やかに

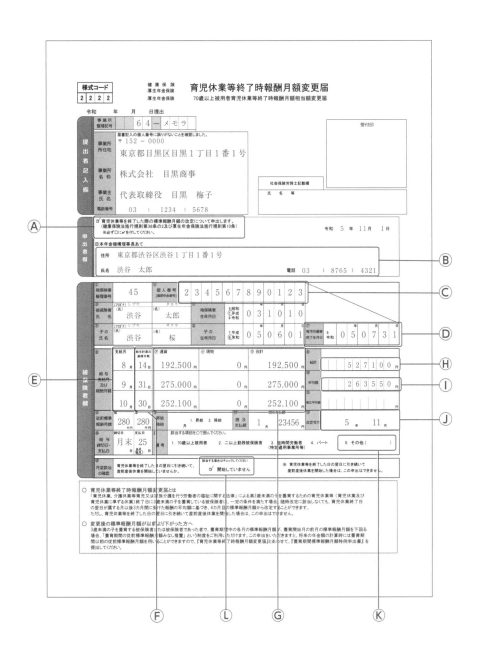

Ⓐ	申出者（被保険者）の届出意思確認のため、必ず□に✓を付けます。 ※本人の希望があった場合のみ届出を行います。
Ⓑ	手書きまたは、印字いずれも可、捺印は不要です。
Ⓒ	②マイナンバー又は基礎年金番号いずれでも可です。基礎年金番号（10桁）の場合は左詰めで記入します。 ※健康保険組合提出用には記載不要です。
Ⓓ	⑦育児休業終了日を記入します。育児休業（出生時育児休業含む）を2回以上取得した場合は、それぞれの終了ごとに届出が可能です。
Ⓔ	⑦欄記入日の翌日が属する月から連続する3カ月を記入します。
Ⓕ	各月の給与支払対象となった日数を記入します。 ※3カ月とも17日未満の場合は、当該申出は不可 1. 時給者・日給者 ･･･ 出勤日数＋有給休暇日数 2. 月給者 ･･･ 暦日数 ※月給者で欠勤日数分だけ給与が差し引かれる場合 　就業規則等により会社が定めた日数から欠勤日数を控除した日数を記入します。 【例】月給者　末日〆、翌月25日払い 　　　　欠勤控除は所定労働日数ベースで日割り減算 　　　　7/24～7/31 出生時育児休業　うち欠勤6日 　　　　7月所定労働日数20日－欠勤（育休）6日＝14日 　　　　　→翌月払いのため、8月支払基礎日数は14日
Ⓖ	各3カ月に支払われた給与額（通勤費等を含む）をそれぞれの月に記入します。
Ⓗ	⑨3カ月の報酬(㋒欄)合計額を記入します。 ※ただし17日未満の月を除きます。
Ⓘ	⑨欄÷17日以上の月数（1円未満の端数は切捨て）を記入します。
Ⓙ	⑧欄の3カ月目の翌月を記入します。
Ⓚ	保険料免除対象とならず、育児休業取得者申出書を提出していない場合は、育児休業を取得した期間を記入し、育児休業の事実が分かる書類（社内で申請した育児休業申出書等）を添付します。
Ⓛ	届出をする場合は必ず□に✓を記入します。 引続き産前産後休業を開始している場合は申出ができません。

産前産後休業終了時の報酬月額改定

　産前産後休業のみを取得して復職した場合も、育児休業等終了時改定と同様に手続きを行うことが可能です。提出先、手続きの流れ、記入上の注意点などは基本的に同じです。

記入例「健康保険・厚生年金保険　産前産後休業終了時報酬月額変更届」

申出者（被保険者）の届出意思確認のため、必ず□に✓を付けます。
※本人の希望があった場合のみ届出を行います。

記入上の注意点は「育児休業等終了時報酬月額変更届」の記入例をご参照。

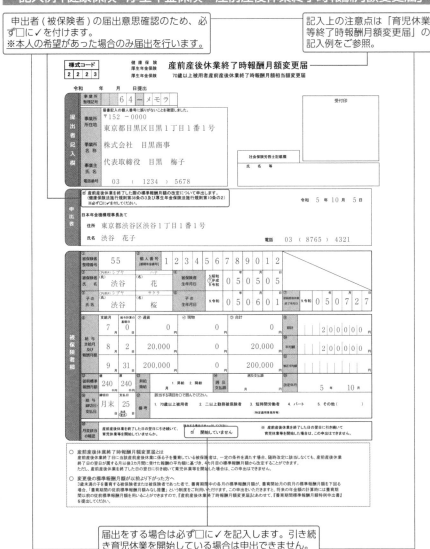

届出をする場合は必ず□に✓を記入します。引き続き育児休業を開始している場合は申出できません。

養育期間標準報酬月額特例

　3歳未満の子を養育する被保険者の標準報酬月額が、子の養育を開始した月の前月の標準報酬月額を下回る場合、本人の申出によりその下回る期間について、従前の標準報酬月額を老齢厚生年金等の年金額を計算する基礎となる標準報酬月額としてみなす措置を受けることができます。

Check!

　前述の「育児休業等終了時改定」を行うと標準報酬月額が下がり、厚生年金については将来の年金額の計算も下がることになりますが、この養育特例の申出を行えば従前の標準報酬月額が担保されることになります。

　なお、養育特例申出は育児休業復帰後に報酬が下がった場合に併せて行うことが多いですが、3歳未満の子を養育する厚生年金の被保険者であれば育児休業取得の有無にかかわらず申出を行うことができます。

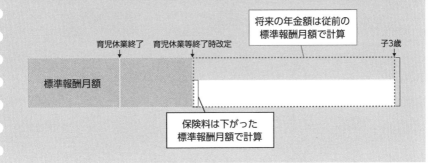

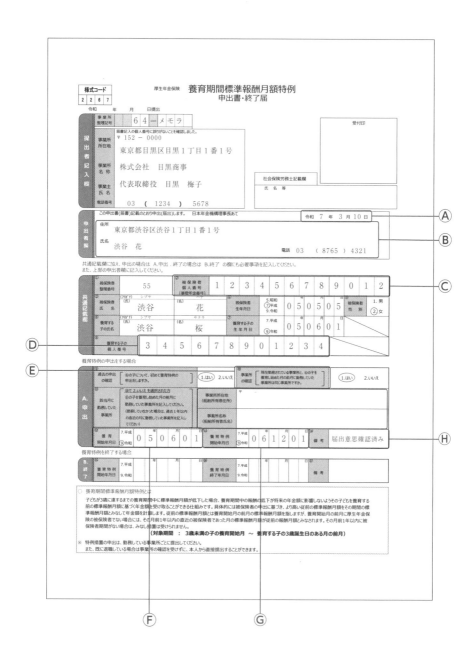

Ⓐ	提出日を記入します。 ※この日の前月までの2年間はさかのぼって適用が可能です。
Ⓑ	手書きまたは、印字いずれも可、捺印は不要です。
Ⓒ	②マイナンバー又は基礎年金番号いずれでも可です。
Ⓓ	被保険者、養育する子ともにマイナンバーを記入した場合は、添付書類の住民票が省略できます。
Ⓔ	転職等により、⑥の子の養育開始時と勤務先が異なる場合は、「いいえ」に〇をつけ、⑪欄に養育開始前月の勤務先を記入します。 ※当該月に被保険者でなかった場合は、当該月前1年以内の直近の被保険者であった勤務先を記入します。
Ⓕ	⑫養育開始日＝子の生年月日を記入します。 ※養子等の場合は養育開始日
Ⓖ	⑬養育特例開始年月日とは以下の通りです。 1．保険料免除対象となる育児休業または産前産後休業を終了（復職）した場合 　……育児休業または産前産後休業終了日の翌日 2．保険料免除対象とならない育児休業（※）を取得した場合 　……⑥の子の生年月日 　※同月内で14日未満かつ月末日を含まない育児休業等 3．育児休業を取得していない場合 ・・・⑥の子の生年月日 4．新たに被保険者資格を取得し3歳未満の子を養育している場合（転職した場合など） 　……資格取得年月日 5．⑥の子以外の子に適用されていた特例措置が終了した場合（※） 　……終了年月日の翌日 　※これより前に上記2.〜4.いずれかに該当する場合は、当該該当日で提出することも可能
Ⓗ	「申出者欄」が手書きではなく印字の場合、または電子申請の場合は、⑭備考欄に「届出意思確認済み」と記入します。

第6章　復職後には何がある？

書類名

厚生年金保険　養育期間標準報酬月額特例申出書

提出先

日本年金機構（事務センター）

手続きの流れ

①会社が必要事項を記載する

②本人が申出者欄に署名

（または会社が届出意思を確認して備考欄に記入）

③日本年金機構に提出

添付書類

①戸籍謄(抄)本または戸籍記載事項証明書

　（申出者と子の身分関係及び子の生年月日を証明するための書類）

②住民票の写し

　（養育特例の要件に該当した日に申出者と子が同居していることを確認するための書類）

　※提出日からさかのぼって90日以内に発行されたもの

　※申出者と子の両方のマイナンバーを申出書に記入した場合は②を省略可能

提出日

要件に該当したら速やかに

　※申出日より前の期間については申出日の前月までの2年間はみなし措置の適用が可能

8 男性の育休取得率を公表しましょう（1000人超企業）

男性の育休取得状況の公表義務

　常時雇用する労働者が1000人超の企業は、以下のいずれかを年1回公表することが義務付けられています。

①育児休業等の取得割合

$$\frac{\text{公表前事業年度においてその雇用する男性労働者が育児休業等をしたものの数}}{\text{公表前事業年度においてその雇用する男性労働者であって、配偶者が出産したものの数}}$$

いずれか

②育児休業等と育児目的休暇の取得割合

$$\frac{\text{公表前事業年度においてその雇用する男性労働者が育児休業等をしたものの数 及び 小学校就学前の子を養育する男性労働者が育児を目的とした休暇制度を利用したものの数 の合計数}}{\text{公表前事業年度においてその雇用する男性労働者であって、配偶者が出産したものの数}}$$

Check!

　公表前事業年度とは、公表直前の会社の会計年度のことです。公表は、公表前事業年度終了後概ね3カ月以内に行うこととされています。自社のHPや「両立支援のひろば」など一般の方が閲覧できる方法で公表します。

実務ポイント　カウントに注意

　人数のカウントは同一の子については一人1回限りです。2回分割取得や年度を跨いだ取得などは要注意です。

第6章　復職後には何がある？

153

第7章

マタハラ・パタハラが
起きないようにしよう

ハラスメントの
相談窓口はある？

妊娠・出産・育児休業等に関するハラスメントとは？

　職場における妊娠・出産・育児等に関するハラスメントとは、上司・同僚からの言動によって、妊娠・出産した女性労働者や育児休業等を申出・取得した男女労働者の就業環境が害されることです。

●＜制度等の利用への嫌がらせ型＞　対象：男女労働者

内容	行為者	程度・頻度
解雇その他不利益な取扱いを示唆	上司	1回でも該当
制度等の利用の請求、制度等の利用を阻害	上司	1回でも該当
	同僚	繰り返し又は継続的
制度等の利用に対する嫌がらせ	上司・同僚	繰り返し又は継続的

●＜状態への嫌がらせ型＞　対象：妊娠等した女性労働者

内容	行為者	程度・頻度
解雇その他不利益な取扱いを示唆	上司	1回でも該当
妊娠等したことに対する嫌がらせ	上司・同僚	繰り返し又は継続的

　業務分担や安全配慮等の観点から、客観的にみて「業務上の必要性」に基づく言動はハラスメントには該当しません。

ハラスメント防止措置

均等法及び育児・介護休業法によって、職場における妊娠・出産・育児休業等に関するハラスメントについて、事業主は防止措置を講じることが義務付けられています。

Check! ハラスメント防止措置の内容は？

①事業主の方針等の明確化及びその周知・啓発
・ハラスメントの内容等の周知・啓発、研修など
・ハラスメント行為に対する厳罰化、規程化

②相談（苦情を含む）への適切な対応に必要な体制の整備
・相談窓口の設置、適切な対応

③ハラスメントへの事後の迅速かつ適切な対応
・事実関係の確認、被害者に対する配慮
・行為者に対する適正な措置、再発防止の取組み

④妊娠・出産・育児等に関するハラスメントの原因や背景となる要因を解消するための措置
・周囲の労働者の適切な業務分担の見直し、業務の効率化

⑤併せて講ずべき措置
・当事者のプライバシー保護
・相談等をしても不利益な取扱いにならないことを周知

事例① もうすぐ産休だから、もう定例会議には出なくていいよ

つわりのため、部署の定例会議を何度か欠席した妊娠中のAさんに、上司が「いつ休まれるかわからないし、仕事も任せられないので、もう参加しなくていい」と言ってきました。定例会議は業務の情報共有の場でもあるので、引き続き参加したいと何度か伝えましたが「もうすぐ産休で仕事から離れるので必要ない」とすべて断られてしまいました。

 ## ハラスメントに該当するケース

　つわりなど「妊娠または出産に起因する症状」により労務の提供ができなかったり、労働能率が低下することはありえます。これらを事由として、必要な仕事上の情報を与えない、これまで参加していた会議に参加させないといった行為もハラスメントになります。定例会議に参加できないために業務に支障が出たり、本人が何度も参加希望を伝えているにもかかわらず継続的に断るのは尚更NGです。

 ## ハラスメントに該当しないケース

　つわりで体調が悪そうな妊婦本人に対して「離席の難しい長時間の会議は出なくてもいいよ」などと配慮することは「業務上の必要性に基づく」言動となります。

3

事例② 本人は大丈夫と言うけれど、心配だから担当を変更しよう

業務量が多く残業も見込まれるプロジェクトに参加している妊娠中のBさんに、体調がかなり悪そうなので「妊婦には負担が大きいだろうからプロジェクトを外れて、もう少し楽な業務に変わってはどうか」と伝えたところ、「妊婦だからと言って仕事を外されるのはハラスメントです！」と言われてしまいました。

✕ ハラスメントに該当するケース

妊婦本人の体調も配慮するほど悪くないのに「妊婦は休みそうだから迷惑だ」などと担当を外し、本人が体調は問題ないと異を唱えたにもかかわらず、仕事をさせないといった場合はハラスメントになります。

◯ ハラスメントに該当しないケース

妊娠中や出産後の体調などに配慮した言動であっても、本人にこれまで通りの勤務を続けたい意欲があり、反発されるケースもあります。本人に意欲があったとしても、客観的にみて明らかに体調が悪い場合であれば、担当の変更などを配慮することは「業務上の必要性に基づく言動」となります。

事例③　忙しい時期なので育児休業の取得時期を変えてほしい

育児休業の取得希望を伝えたところ、同時期に長期の休暇を以前から申請していた同僚から「忙しい時期に2人も休むと自分が休みづらくなるので期間を変更してほしい」と言われました。予定日に合わせた取得なので変更は難しいと伝えましたが、繰り返し何度も言われてしまいます。

✕ ハラスメントに該当するケース

　育児休業等の制度の利用を請求した場合に、同僚であっても繰り返しまたは継続的に請求しないように言うことはハラスメントに該当します。このケースのように、意に反していることを伝えている場合は繰り返しでなくてもハラスメントに該当します。

◯ ハラスメントに該当しないケース

　自分の休暇との調整を行うことが目的で、制度利用を希望する方に対して休業期間を尋ね、変更の依頼や相談すること自体はハラスメントに該当しません。ただし、変更の依頼や相談は強要しない場合に限られます。

5 不利益な取扱いにならないように気をつけよう

妊娠・出産等を理由とする不利益取扱いの禁止

　事業主が女性労働者に対して「妊娠・出産等を理由として」解雇等の不利益取扱いを行うことは禁止されています。

以下のようなことを理由として

1　妊娠したこと
2　出産したこと
3　産前休業を請求し、若しくは産前休業をしたこと又は産後の就業制限の規定により就業できず、若しくは産後休業をしたこと
4　妊娠中及び出産後の健康管理に関する措置（母性健康管理措置）を求め、又は当該措置を受けたこと
5　軽易な業務への転換を請求し、又は軽易な業務に転換したこと
6　妊娠又は出産に起因する症状により労務の提供ができないこと若しくはできなかったこと又は労働能率が低下したこと
7　事業場において変形労働時間制がとられる場合において1週間又は1日について法定労働時間を超える時間について労働しないことを請求したこと、時間外若しくは休日について労働しないことを請求したこと、深夜業をしないことを請求したこと又はこれらの労働をしなかったこと
8　育児時間の請求をし、又は育児時間を取得したこと
9　坑内業務の就業制限若しくは危険有害業務の就業制限の規定により業務に就くことができないこと、坑内業務に従事しない旨の申出若しくは就業制限の業務に従事しない旨の申出をしたこと又はこれらの業務に従事しなかったこと

以下のような不利益取扱いを行うことは禁止

1　解雇すること
2　期間を定めて雇用される者について、契約の更新をしないこと
3　あらかじめ契約の更新回数の上限が明示されている場合に、当該回数を引き下げること
4　退職又は正社員をパートタイム労働者等の非正規雇用社員とするような労働契約内容の変更の強要を行うこと
5　降格させること
6　就業環境を害すること
7　不利益な自宅待機を命ずること
8　減給をし、又は賞与等において不利益な算定を行うこと
9　昇進・昇格の人事考課において不利益な評価を行うこと
10　不利益な配置の変更を行うこと
11　派遣労働者として就業する者について、派遣先が当該派遣労働者に係る労働者派遣の役務の提供を拒むこと

なお、労働者(派遣労働者含む)が

・妊娠・出産等に関するハラスメントについて相談を行ったこと、相談への対応
に協力して事実を述べたこと
・紛争に際して都道府県労働局長に援助を申し出たこと
・紛争に際して紛争調整委員会に調停の申請をしたこと

を理由として不利益取扱いを行うことも禁止されています。

育児休業等を理由とする不利益取扱いの禁止

　事業主が労働者に対して「育児休業等の申出・取得等を理由として」解雇等の
不利益取扱いを行うことは禁止されています。

以下のような制度の申出・取得を理由として
●育児休業（育児のために原則として子が1歳になるまで取得できる休業） ●産後パパ育休（育児のために子の出生後8週間以内に4週間まで、分割して2回まで、育児休業とは別に取得できる休業） ●子の看護休暇（子の看護のために年間5日間（子が2人以上の場合10日間）取得できる休暇） ●介護休暇（介護のために年間5日間（対象家族が2人以上の場合10日間）取得できる休暇） ●所定外労働の制限（育児又は介護のための残業免除） ●時間外労働の制限（育児又は介護のため時間外労働を制限（1カ月24時間、1年150時間以内）） ●深夜業の制限（育児又は介護のため深夜業を制限） ●所定労働時間の短縮措置（育児又は介護のため所定労働時間を短縮する制度） ●始業時刻変更等の措置（育児又は介護のために始業時刻を変更する等の制度） ●本人又は配偶者の妊娠・出産等の申出 ●産後パパ育休期間中の就業を申出・同意しなかったこと等（労使協定を締結している場合に限り、労働者が合意した範囲で産後パパ育休期間中に就業することが可能） ※下線の措置については、事前に就業規則にて措置が講じられていることが必要

以下のような不利益取扱いを行うことは禁止
1 解雇すること
2 期間を定めて雇用される者について、契約の更新をしないこと
3 あらかじめ契約の更新回数の上限が明示されている場合に、当該回数を引き下げること
4 退職又は正社員をパートタイム労働者等の非正規雇用社員とするような労働契約内容の変更の強要を行うこと
5 自宅待機を命ずること
6 労働者が希望する期間を超えて、その意に反して所定外労働の制限、時間外労働の制限、深夜業の制限又は所定労働時間の短縮措置等を適用すること
7 降格させること
8 減給をし、又は賞与等において不利益な算定を行うこと
9 昇進・昇格の人事考課において不利益な評価を行うこと
10 不利益な配置の変更を行うこと
11 就業環境を害すること

なお、労働者(派遣労働者含む)が

・育児休業等に関するハラスメントについて相談を行ったこと、相談への対応に協力して事実を述べたこと
・紛争に際して都道府県労働局長に援助を申し出たこと
・紛争に際して紛争調整委員会に調停の申請をしたこと

を理由として不利益取扱いを行うことも禁止されています。

6

事例④　ちょうど契約更新時期だから更新しなくていいよね

派遣元から「派遣労働者のCさんが妊娠して産休を取得する
つもりだが、体調も問題ないので産休直前までは勤務可能だ
と言っている」と派遣先に連絡がありました。せっかく社員
のサポートで派遣労働者をお願いしているのに、これから休
みがちになられると困ります。ちょうどCさんの派遣契約の
更新時期がもうすぐなので、更新のタイミングで他の派遣労
働者に交代してもらうことは問題ないでしょうか？

　妊娠・出産等に関する不利益取扱いについては、派遣労働者もその対象となり
ます。このケースのように、派遣労働者が妊娠したといっても、派遣契約に定め
られた役務の提供ができると認められるにもかかわらず、派遣先が派遣元に対し
て派遣労働者の交替を求めることは、不利益取扱いとされる可能性が高い行為と
なります。

事例⑤　育休取得で賞与査定期間の半分しかいないから最低ランクでいい?

当社の12月の賞与に対する査定期間は4月〜9月の6カ月間です。7月から育児休業を取得している社員Dさんは、個人成績も良かったのだけど査定期間の半分（4月〜6月の3カ月間）しか就労していないので、最低ランクの査定となっても仕方ないですよね?

　賞与や退職金の算定に当たって、育児休業等を取得した日や所定労働時間の短縮措置などを利用して現に働かなかった時間について賃金を支払わないこと（減額をすること）は問題ありません。一方、働かなかった日や時間の総和を超えて減額することは「不利益な算定を行うこと」に該当します。このケースの場合であれば、6カ月間就労していた場合の査定に対して支給される賞与額の半分にするのであれば問題ないですが、ただ期間が半分しかないだけで最低ランクの査定とすると不利益な算定を行うことになりかねません。

　また、支給額の算定に当たり、不就労期間や労働能率の低下を考慮の対象とする場合には、同程度休業したり労働能率が低下した疾病等と比較して、妊娠・出産等の事由に基づく場合を不利に取り扱うことも不利益な算定を行うことに該当します。

会社の規程を
チェックしよう
育児介護休業規程モデル

1

育児休業

（目的）
第1条

　　この規則は、従業員の育児・出生時育児休業・介護休業、子の看護休暇、介護休
暇、育児・介護のための所定外労働、時間外労働及び深夜業の制限並びに育児・介
護短時間勤務等に関する取扱いについて定める。

（育児休業の対象者）
第2条

1　育児のために休業することを希望する従業員（日雇従業員を除く）であって、
1歳に満たない子と同居し、養育する者は、この規則の定めにより[原則の育児
休業]をすることができる。

　　ただし、有期雇用従業員は、申出時点において、子が1歳6カ月に達する日ま
でに労働契約期間が満了し、更新されないことが明らかでない者に限り育児休
業をすることができる。

　　また、[2歳までの育児休業]又は[育児休業の再申出]にあっては2歳に達す
る日までに労働契約期間が満了し、更新されないことが明らかでない者に限り
育児休業をすることができる。

この章では、育児介護休業規程のモデルについて解説していきます。できるだけ読みやすくするために、厚生労働省のモデル規程の条文中の条文番号を項目等に読み替え、文章を一部簡略化してあります。

第2条1項　原則の育児休業

育児休業の原則について定めた規定です。「育児休業」をすることができるのは、原則として1歳に満たない子を養育する男女従業員です。ただし有期雇用従業員には育児休業をするにあたり条件があります。

※1歳までの育児休業を「原則の育児休業」とします。

 Point!

有期雇用従業員についても原則として育児休業を取得できますが、子が1歳6カ月到達前に、契約期間が満了し更新される見込みがない場合は取得できません。

● 有期雇用従業員が育児休業を取得できないケース

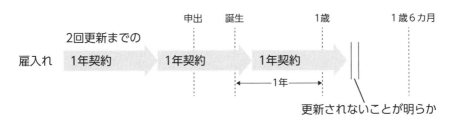

1歳6カ月までの育児休業を延長して2歳までの育児休業を取得する場合も、子が2歳到達前に契約期間が満了しないことが必要です。

2　労使協定により除外された次の従業員からの休業の申出は拒むことができる。
一　入社1年未満の従業員
二　申出の日から1年以内に雇用関係が終了することが明らかな従業員。なお、1歳6カ月または2歳までの延長にあっては6カ月以内に雇用関係が終了することが明らかな従業員
三　1週間の所定労働日数が2日以下の従業員

3　配偶者が従業員と同じ日から又は従業員より先に育児休業又は出生時育児休業をしている場合、従業員は、子が1歳2カ月に達するまでの間で、出生日以後の産前・産後休業期間、育児休業期間及び出生時育児休業期間との合計が1年を限度として、[パパ・ママ育休プラス]をすることができる。

第2条2項　労使協定による除外

　労使協定を締結することにより、育児休業をすることができない定めをすることができる規定です。

☑️ Point!

　労使協定による除外の対象は、有期雇用従業員に限りません。また3つの除外条件は、選択することが可能です。

第2条3項　パパ・ママ育休プラス

　父と母共に育児休業を取得する場合に、子が1歳到達までのところを、子が1歳2カ月までの期間内で育児休業を取得できる「パパ・ママ育休プラス」の規定です。なお、取得期間は1年間（産休・出生時育児休業を含む）が限度です。

● パパ・ママ育休プラスの取得例

　※　両親の育児休業期間が重複することも可能です。

☑️ Point!

　本人の育児休業開始予定日が配偶者の育児休業の初日以降であることが条件ですが、同時の開始も可能です。

4　次のいずれにも該当する従業員は、子が1歳6カ月に達するまでの間で必要な日数について[1歳6カ月までの育児休業]をすることができる。

　なお、育児休業開始日は、原則として子の1歳の誕生日に限るものとする。ただし、配偶者が1歳6カ月までの休業を子の1歳の誕生日から開始する場合は、配偶者の育児休業終了予定日の翌日以前の日を開始日とすることができる。

イ　従業員又は配偶者が原則として子の1歳の誕生日の前日に育児休業をしていること

ロ　次のいずれかの事情があること

　(ア)　保育所等に入所を希望しているが、入所できない場合

　(イ)　従業員の配偶者であって育児休業の対象となる子の親であり、1歳以降育児に当たる予定であった者が、死亡、負傷、疾病等の事情により子を養育することが困難になった場合

ハ　子の1歳の誕生日以降に[1歳6カ月までの育児休業]をしたことがないこと

第2条4項　1歳6カ月までの育児休業の延長

1歳6カ月まで育児休業を延長できるとする規定です。なお、延長には以下の条件に該当することが必要です。

No.	1歳6カ月まで育児休業を延長できる条件
1	子が1歳到達日に、父母いずれかが育児休業をしている（1歳到達日前から引き続いている状態）
2	保育所に入所できない等休業の延長が特に必要なとき
3	1歳6カ月までの育児休業をしたことがないこと （原則として1歳6カ月までの延長は1回のみ）

✓ Point!

1歳6カ月までの育児休業の延長は、子の1歳到達日に、父母どちらかが育児休業をしていることが必要です。

● 1歳到達日に父又は母が育児休業を取得している例

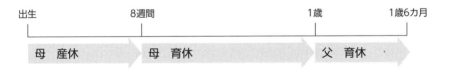

● 1歳到達日に父又は母が育児休業を取得していない例

1歳6カ月までの育児休業開始日は、原則子の1歳の誕生日ですが、配偶者が子の1歳の誕生日に育児休業していれば、配偶者の育児休業終了予定日の翌日以前から同時または子が1歳6カ月に達する期間内で交代で開始できます。

5 産前・産後休業、出生時育児休業、介護休業又は新たな育児休業(以後まとめて「産前・産後休業等」とする)が始まったことにより[原則の育児休業]又は[1歳6カ月までの育児休業]が終了し、終了事由である産前・産後休業等に係る子が死亡した等<u>特別の事情</u>がある場合は、子が1歳6カ月に達するまでの間で必要な日数について再度の育児休業をすることができる。

6 次のいずれにも該当する従業員は、子が2歳に達するまでの間で必要な日数について[2歳までの育児休業]をすることができる。

　なお、育児休業を開始しようとする日は、原則として子の1歳6カ月の誕生日応当日に限るものとする。ただし、配偶者が[2歳までの育児休業]を子の1歳6カ月の誕生日応当日から開始する場合は、配偶者の育児休業終了予定日の翌日以前の日を開始日とすることができる。

イ　従業員又は配偶者が子の1歳6カ月の誕生日応当日の前日に育児休業をしていること

ロ　次のいずれかの事情があること

　(ア)　保育所等に入所を希望しているが、入所できない場合

　(イ)　従業員の配偶者であって育児休業の対象となる子の親であり、1歳6カ月以降育児に当たる予定であった者が、死亡、負傷、疾病等の事情により子を養育することが困難になった場合

ハ　子の1歳6カ月の誕生日応当日以降に2歳までの育児休業をしたことがないこと

第2条5項　子が1歳到達後の再度の育児休業に係る特別の事情

1回終了した育児休業を、特別の事情があれば子が1歳到達後に再度取得できる規定です。

No.	再取得の特別の事情（第5章[5]Check参照）
1	子が1歳又は1歳6カ月までに取得した育児休業が、産前・産後休業、出生時育児休業、介護休業又は新たな育児休業が始まったことにより前の育児休業が終了し、終了事由である子が死亡等した場合

第2条6項　2歳までの育児休業の延長

2歳まで育児休業を延長できるとする規定です。

なお、子が1歳6カ月までの延長と同様に、条件に該当する場合のみ延長することができます。

☑Point!

子が2歳までの育児休業の延長は、子の1歳6カ月到達日に、父母どちらかが育児休業をしていることが必要です（1歳6カ月までの育児休業をしていなければ2歳までの育児休業はできません）。

7　前項にかかわらず、産前・産後休業、出生時育児休業、介護休業又は新たな育
児休業が始まったことにより[原則の育児休業]、[1歳6カ月までの育児休業]、
[2歳までの育児休業]が終了し、終了事由である産前・産後休業等に係る子又は
介護休業に係る対象家族の死亡等特別の事情で終了した従業員は、子が2歳に
達するまでの間で必要な日数について再度の育児休業をすることができる。

(育児休業の申出の手続等)

第3条

1　育児休業をすることを希望する従業員は、原則として育児休業開始予定日の
1カ月前又は1歳6カ月までの育児休業及び2歳までの育児休業の場合は、2週間
前までに育児休業申出書を会社に提出することにより申し出るものとする。

　　なお、育児休業中の有期雇用従業員が労働契約を更新するに当たり、引き続
き休業を希望する場合には、更新された労働契約期間の初日を育児休業開始予
定日として、育児休業申出書により[契約更新時の再度の育児休業の申出]を
行うものとする。

第2条7項　子が1歳6カ月到達後の再度の育児休業にかかる特別の事情

　第2条5項にある通り、1歳または1歳6カ月までの育児休業が終了した事由が特別の事情による場合は、1歳6カ月までの延長期間において再度の育児休業を取得することができます。子が2歳までの育児休業の再度の取得も同様です。

第3条1項　育児休業の申出時期

　育児休業の申出時期を定めた規定です。

No.	育児休業の区分	申出時期
1	原則の育児休業	1カ月前
2	1歳6カ月までの育児休業	2週間前
3	2歳までの育児休業	2週間前

 Point!

　後述（第5条2項）の通り、申出が上記時期に遅れた場合は会社が休業開始日を指定することができます。

2 　原則の育児休業の申出は、一子につき2回までとする。

　　ただし、次のいずれかに該当する場合はさらに再度の育児休業の申出を行う

ことができる。

　(1)[原則の育児休業]をした者が[契約更新時の再度の育児休業の申出]をし

　　ようとする場合

　(2)配偶者の死亡等特別の事情がある場合

3 　[1歳6カ月までの育児休業]又は[2歳までの育児休業]に基づく休業の申出

は、次のいずれかに該当する場合を除き、一子につき1回限りとする。

　(1)[1歳6カ月までの育児休業]又は[2歳までの育児休業]をした者が本条第1

　　項後段[契約更新時の再度の育児休業の申出]をしようとする場合

　(2)産前・産後休業、出生時育児休業、介護休業又は新たな育児休業が始まった

　　ことにより[原則の育児休業]、[1歳6カ月までの育児休業]、[2歳までの育

　　児休業]が終了したが、終了事由である産前・産後休業等に係る子又は介護

　　休業に係る対象家族が死亡した特別の事情がある場合

4 　会社は、育児休業申出書を受け取るに当たり、必要最小限度の各種証明書の

　提出を求めることがある。

5 　育児休業申出書が提出されたときは、会社は速やかに育休申出者に対し、育

　児休業取扱通知書を交付する。

6 　申出の日後に申出に係る子が出生したときは、育休申出者は、出生後2週間以

　内に会社に育児休業対象児出生届を提出しなければならない。

第3条2項・3項　育児休業の回数

育児休業を申出ることのできる回数を定めた規定です。

No.	育児休業の区分	申出回数
1	原則の育児休業	<u>2回</u>
2	1歳6カ月までの育児休業	1回
3	2歳までの育児休業	1回

● 1歳到達前2回、1歳到達後は父母交代等で育児休業を取得する例

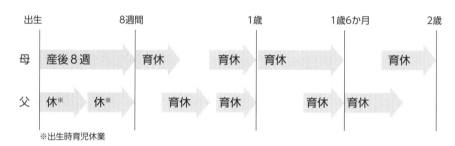

※出生時育児休業

第3条2項　原則の育児休業の再度の育児休業

原則の育児休業を2回取得後終了した場合であっても特別の事情があれば<u>再度の育児休業</u>(3回以上)を取得することができます。

No.	再取得の特別の事情（第5章[5]Check参照）
1	配偶者が死亡、疾病、離婚等により子の養育が困難
2	子の負傷、疾病等により2週間以上世話が必要
3	保育所に入所できない
4	産前・産後休業、出生時育児休業、介護休業、新たな育児休業が始まったことにより前の育児休業が終了し、終了事由である子が死亡等した場合

（育児休業の申出の撤回等）

第4条

1　育休申出者は、育児休業開始予定日の前日までは、育児休業申出撤回届を会社に提出することにより、育児休業の申出を撤回することができる。

2　育児休業申出撤回届が提出されたときは、会社は速やかに当該育児休業申出撤回届を提出した者に対し、育児休業取扱通知書を交付する。

3　[原則の育児休業]の申出の撤回は、撤回1回につき1回休業したものとみなす。[1歳6カ月までの育児休業]、[2歳までの育児休業]の申出を撤回した者は、特別の事情がない限り同一の子については再度申出をすることができない。

　　ただし、原則の育児休業の申出を撤回した者であっても、[1歳6カ月までの育児休業]、[2歳までの育児休業]（再度の申し出を含む）の申出をすることができる。

4　育児休業開始予定日の前日までに、子の死亡等により育休申出者が休業申出に係る子を養育しないこととなった場合には、育児休業の申出はされなかったものとみなす。この場合において、育休申出者は、原則として当該事由が発生した日に、会社にその旨を通知しなければならない。

第4条1項　育児休業の申出の撤回

育児休業の開始日の前日までであれば、申出を撤回できるとする規定です。

Point!

育児休業の申出の撤回は、育児休業開始予定日の前日まで行うことができます。

第4条3項　育児休業の申出の撤回回数

原則の育児休業の申出の撤回は1回につき1回の休業を取得したものとみなすとする
規定です。

したがって、原則の育児休業の申出を2回撤回した場合には、特別の事情がなければ
再度の申出はできません。1歳6カ月または2歳までの育児休業の申出を1回撤回した場
合には、特別の事情がなければ再度の申出はできません。

Point!

原則の育児休業の申出の撤回をした場合でも、子の1歳または1歳6カ月到達日にお
いて育児休業をしている配偶者と交代する場合には、1歳6カ月及び2歳までの育児休
業申出をすることはできます。

（育児休業の期間等）

第5条

1 育児休業の期間は、原則として、子が1歳に達するまで[パパ・ママ育休プラス]、[1歳6カ月までの育児休業]、[2歳までの育児休業]の場合は、それぞれ定められた時期まで)を限度として育児休業申出書に記載された期間とする。

2 本条第1項にかかわらず、会社は、育児・介護休業法の定めにより育児休業開始予定日の指定を行うことができる。

3 従業員は、育児休業期間変更申出書により会社に、育児休業開始予定日の1週間前までに申し出ることにより、育児休業開始予定日の繰り上げ変更を、また、育児休業終了予定日の1カ月前までに申し出ることにより、育児休業終了予定日の繰り下げ変更を行うことができる。なお、[1歳6カ月までの育児休業]、[2歳までの育児休業]をしている場合は、2週間前までに申し出ることにより、育児休業終了予定日の繰り下げ変更を行うことができる。

　育児休業開始予定日の繰り上げ変更及び育児休業終了予定日の繰り下げ変更とも、原則の育児休業1回につき1回に限り行うことができるが、[1歳6カ月までの育児休業]及び[2歳までの育児休業]の場合には、原則の育児休業とは別に、子が1歳から1歳6カ月に達するまで及び1歳6カ月から2歳に達するまでの期間内で、それぞれ1回、育児休業終了予定日の繰り下げ変更を行うことができる。

4 育児休業期間変更申出書が提出されたときは、会社は速やかに当該育児休業期間変更申出書を提出した者に対し、育児休業取扱通知書を交付する。

第5条1項　育児休業の期間

育児休業の期間についての規定です。

No.	育児休業の区分	育児休業の期間
1	原則の育児休業	子の1歳到達日
2	パパ・ママ育休プラス	子の1歳2カ月到達日
3	1歳6カ月までの育児休業	子の1歳6カ月到達日
4	2歳までの育児休業	子の2歳到達日

第5条2項　育児休業の開始予定日の指定

育児休業の申出が定められた期間に遅れた場合は、会社は育児休業開始予定日の指定を行うことができるとする規定です。

● **会社が育児休業開始予定日を指定できる期間**

第5条3項　育児休業期間の変更

育児休業の休業開始予定日の繰り上げと、休業終了予定日の繰り下げについての規定です。

Point!

休業開始予定日の繰り上げは、原則の育児休業の期間内に、及び休業終了予定日の繰り下げは、原則の育児休業、1歳6カ月までの育児休業または2歳までの育児休業の期間内に、それぞれ1回行うことができます。

5　次の各号に掲げるいずれかの事由が生じた場合には、育児休業は終了するものとし、当該<u>育児休業の終了日</u>は当該各号に掲げる日とする。

(1)子の死亡等育児休業に係る子を養育しないこととなった場合

当該事由が発生した日

(2)育児休業に係る子が1歳に達した場合等

子が1歳に達した日、[1歳6カ月までの育児休業]の場合は、子が1歳6カ月に達した日、[2歳までの育児休業]の場合は、子が2歳に達した日

(3)育休申出者について、産前・産後休業、出生時育児休業、介護休業又は新たな育児休業期間が始まった場合

産前・産後休業、出生時育児休業、介護休業又は新たな育児休業の開始日の前日

(4)[パパ・ママ育休プラス]において、出生日以後の産前・産後休業期間と育児休業(出生時育児休業含む)期間との合計が1年に達した場合

当該1年に達した日

6　[子の死亡等による育児休業終了事由]が生じた場合には、育休申出者は原則として当該事由が生じた日に会社にその旨を通知しなければならない。

第5条5項　育児休業の終了日

育児休業の終了日を定めた規定です。

No.	育児休業の終了事由	終了日
1	子を養育しない	事由発生日
2	子が1歳に到達	子の1歳到達日
3	子が1歳6カ月に到達	子の1歳6カ月到達日
4	子が2歳に到達	子の2歳到達日
5	産前・産後休業等新たな休業開始	新たな休業の開始日前日
6	パパ・ママ育休プラスの休業期間の合計が1年に到達	休業期間の合計1年到達日

Point!

パパ・ママ育休プラスの合計1年間の期間には、産後休業期間、出生時育児休業期間も含みます。

2

出生時育児休業
（産後パパ育休）

（出生時育児休業の対象者）

第6条

1 育児のために休業することを希望する従業員（日雇従業員を除く）であって、産後休業をしておらず、子の出生日又は出産予定日のいずれか遅い方から8週間以内の子と同居し、養育する者は、この規則の定めにより出生時育児休業をすることができる。ただし、有期雇用従業員にあっては、申出時点において、子の出生日又は出産予定日のいずれか遅い方から8週間を経過する日の翌日から6カ月を経過する日までに労働契約期間が満了し、更新されないことが明らかでない者に限り、出生時育児休業をすることができる。

2 労使協定により除外された次の従業員からの休業の申出は拒むことができる。

一 入社1年未満の従業員

二 申出の日から8週間以内に雇用関係が終了することが明らかな従業員

三 1週間の所定労働日数が2日以下の従業員

186

第6条1項　出生時育児休業（産後パパ育休）

出生時育児休業について定めた規定です。

「出生時育児休業」をすることができるのは、出生後<u>8週間以内</u>の子を養育する産後休業をしていない男女従業員です。

有期雇用従業員についても原則として出生時育児休業を取得できますが、出生日または出産予定日の遅い方から8週間を経過する日の翌日から、6カ月を経過する日までに契約期間が満了し、更新される見込みがない場合は取得できません。

● 有期雇用従業員が出生時育児休業を取得できないケース

例1：子の出生前の申出の場合　出産予定日が起算日

例2：子の出生後の申出の場合　出生日または出産予定日のいずれか遅い方が起算日

第6条2項　労使協定による除外

労使協定を締結することにより、出生時育児休業をすることができない定めをすることができる規定です。

（出生時育児休業の申出の手続等）

第7条

1 　出生時育児休業をすることを希望する従業員は、原則として出生時育児休業開始予定日の2週間前までに出生時育児休業申出書を会社に提出することにより申し出るものとする。なお、出生時育児休業中の有期雇用従業員が労働契約を更新するに当たり、引き続き休業を希望する場合には、更新された労働契約期間の初日を出生時育児休業開始予定日として、出生時育児休業申出書により再度の申出を行うものとする。

2 　[出生時育児休業]の申出は、一子につき2回に分割できる。ただし、2回に分割する場合は2回分まとめて申し出ることとし、まとめて申し出なかった場合は後の申出を拒む場合がある。

3 　会社は、出生時育児休業申出書を受け取るに当たり、必要最小限度の各種証明書の提出を求めることがある。

4 　出生時育児休業申出書が提出されたときは、会社は速やかに当該出生時育休申出者に対し、出生時育児休業取扱通知書を交付する。

5 　申出の日後に申出に係る子が出生したときは、出生時育休申出者は、出生後2週間以内に会社に出生時育児休業対象児出生届を提出しなければならない。

第7条1項　出生時育児休業の申出時期

　出生時育児休業の申出時期について定めた規定です。

　原則として休業開始予定日の2週間前までに申出ることとされていますが、雇用環境整備の取組実施について労使協定を締結している場合は2週間超1カ月以内で、労使協定で定める期限を設定することができます。

No.	区分	申出時期
1	原則の出生時育児休業	2週間前
2	労使協定を締結した場合	2週間超1カ月以内

 **Point!**

　労使協定で定める「雇用環境整備の取組実施」については、法第22条で義務付けられている、雇用環境の整備を上回る措置を講じることを労使協定で締結する必要があります（第5章[8]Check参照）。

第7条2項　出生時育児休業の回数と申出

　出生時育児休業は<u>2回に分割</u>取得することができ、申し出については<u>2回分まとめて</u>申出ることを定めた規定です。

 Point!

　出生時育児休業は、育児休業と異なって、2回分割して休業する場合はまとめて申出ることとされていますが、まとめて申し出なかった場合でも、後からなされた申出を会社が認めることは差し支えありません。

（出生時育児休業の申出の撤回等）

第8条

1　出生時育休申出者は、出生時育児休業開始予定日の前日までは、出生時育児休業申出撤回届を会社に提出することにより、出生時育児休業の申出を撤回することができる。

2　出生時育児休業申出撤回届が提出されたときは、会社は速やかに当該出生時育児休業申出撤回届を提出した者に対し、出生時育児休業取扱通知書を交付する。

3　出生時育児休業の申出の撤回は、撤回1回につき1回休業したものとみなし、みなし含め2回休業した場合は同一の子について再度申出をすることができない。

4　出生時育児休業開始予定日の前日までに、子の死亡等により出生時育休申出者が休業申出に係る子を養育しないこととなった場合には、出生時育児休業の申出はされなかったものとみなす。この場合において、出生時育休申出者は、原則として当該事由が発生した日に、会社にその旨を通知しなければならない。

（出生時育児休業の期間等）

第9条

1　出生時育児休業の期間は、原則として、子の出生後8週間以内のうち<u>4週間（28日）</u>を限度として出生時育児休業申出書に記載された期間とする。

2　会社は、育児・介護休業法の定めにより出生時育児休業開始予定日の指定を行うことができる。

第8条　出生時育児休業の申出の撤回

　出生時育児休業の申出は撤回することができるとする規定です。

　育児休業と同様に、申出は1回につき1回の休業を取得したものとみなすとする規定です。したがって、出生時育児休業の申出を2回撤回した場合には、再度の申出はできません。

☑️ Point!

　出生時育児休業については、特別な事情による再度の申出は特に定められていません。

第9条1項　出生時育児休業の期間

　出生時育児休業をすることができる期間を定めた規定です。

　出生時育児休業の期間は、原則、子の出生後8週間以内の期間内で<u>4週間（28日）以内</u>の従業員が申し出た期間です。

☑️ Point!

　出生後8週間を超える期間や4週間を超える期間の休業を希望する場合は、原則の育児休業を申し出ることになります。

3 従業員は、出生時育児休業期間変更申出書により会社に、出生時育児休業開始予定日の1週間前までに申し出ることにより、出生時育児休業開始予定日の繰り上げ変更を休業1回につき1回、また、出生時育児休業を終了しようとする日(以下「出生時育児休業終了予定日」という。)の2週間前までに申し出ることにより、出生時育児休業終了予定日の繰り下げ変更を休業1回につき1回行うことができる。

4 出生時育児休業期間変更申出書が提出されたときは、会社は速やかに当該出生時育児休業期間変更申出書を提出した者に対し、出生時育児休業取扱通知書を交付する。

5 次の各号に掲げるいずれかの事由が生じた場合には、出生時育児休業は終了するものとし、当該出生時育児休業の終了日は当該各号に掲げる日とする。
(1)子の死亡等出生時育児休業に係る子を養育しないこととなった場合
　　当該事由が発生した日
(2)子の出生日の翌日又は出産予定日の翌日のいずれか遅い方から8週間を経過する場合
　　子の出生日の翌日又は出産予定日の翌日のいずれか遅い方から8週間を経過する日
(3)子の出生日(出産予定日後に出生した場合は、出産予定日)以後に出生時育児休業の日数が28日に達した場合
　　子の出生日(出産予定日後に出生した場合は、出産予定日)以後に出生時育児休業の日数が28日に達した日
(4)出生時育休申出者について、産前・産後休業、育児休業、介護休業又は新たな出生時育児休業期間が始まった場合
　　産前・産後休業、育児休業、介護休業又は新たな出生時育児休業の開始日の前日

第9条3項　出生時育児休業期間の変更

出生時育児休業の休業開始予定日の繰り上げと、休業終了予定日の繰下げについての規定です。

休業開始予定日の繰り上げ及び休業終了予定日の繰り下げともに、出生時育児休業期間内でそれぞれ1回行うことができます。

第9条5項　出生時育児休業の終了日

出生時育児休業が終了する日を以下の通りと定めた規定です。

No.	区分	終了日
1	子を養育しない	事由発生日
2	子の出生日翌日等から8週間経過	8週間経過日
3	出生時育児休業の日数が28日到達	28日到達日
4	産前・産後休業等新たな休業開始	新たな休業の開始日前日

6　[子の死亡等による出生時育児休業終了事由]が生じた場合には、出生時育休申出者は原則として当該事由が生じた日に会社にその旨を通知しなければならない。

（出生時育児休業中の就業）
第9条の2

1　出生時育児休業中に就業することを希望する従業員は、出生時育児休業中の就業可能日等申出書を休業開始予定日の1週間前までに会社に提出すること。なお、1週間を切っても休業前日までは提出を受け付ける。

2　会社は、前項の申出があった場合は、申出の範囲内の就業日等を申出書を提出した従業員に対して提示する。就業日がない場合もその旨通知する。従業員は提示された就業日等について、出生時育児休業中の就業日等の同意・不同意書を会社に提出すること。休業前日までに同意した場合に限り、休業中に就業することができる。会社と従業員の双方が就業日等に合意したときは、会社は速やかに出生時育児休業中の就業日等通知書を交付する。

3　出生時育児休業中の就業上限は、次のとおりとする。
　一　就業日数の合計は、出生時育児休業期間の所定労働日数の半分以下（一日未満の端数切り捨て）
　二　就業日の労働時間の合計は、出生時育児休業期間の所定労働時間の合計の半分以下
　三　出生時育児休業開始予定日又は出生時育児休業終了予定日に就業する場合は、当該日の所定労働時間数に満たない時間

第9条の2,1項　出生時育児休業中の就業

　労使協定に、出生時育児休業期間中に<u>就業</u>させることができると定めた場合には、就業を希望する従業員は出生時育児休業期間中に一定の時間数働くことができるとした規定です。

　なお、従業員は就業可能日等を、休業開始前日までに会社に申し出ることができます。

📝 Point!

　就業可能日等の申出がなされたときは、会社は従業員に対して、就業可能日等を速やかに提示した上で、就業する日等を従業員と調整し、合意する必要があります。

第9条の2,3項　出生時育児休業中の就業の上限

　出生時育児休業中の就業の上限時間数を定めた規定です。

📝 Point!

　<u>就業上限</u>日数等の例は以下の通りです。出生時育児休業の日数に応じて比例した就業日数等が上限になります（1週間の所定労働時間40時間、週休2日の場合）。

No.	出生時育児休業日数	就業日数（時間数）上限
1	28 日間取得	10 日又は80 時間
2	14 日間取得	5日又は40 時間

　上記範囲内の就業であれば出生時育児休業給付金の対象となります。

4　出生時育児休業期間中の就業の申出を変更する場合は出生時育児休業中の就業可能日等変更申出書を、撤回する場合は出生時育児休業中の就業可能日等申出撤回届を休業前日までに会社に提出すること。就業可能日等申出撤回届が提出された場合は、会社は速やかに申出が撤回されたことを通知する。

5　本条第2項で同意した就業日等を全部又は一部撤回する場合は、出生時育児休業中の就業日等撤回届を休業前日までに会社に提出すること。出生時育児休業開始後は、次に該当する場合に限り、同意した就業日等の全部又は一部を撤回することができる。出生時育児休業中の就業日等撤回届が提出されたときは、会社は速やかに出生時育児休業中の就業日等通知書を交付する。

一　出生時育児休業申出に係る子の親である配偶者の死亡

二　配偶者が負傷、疾病又は身体上若しくは精神上の障害その他これらに準ずる心身の状況により出生時育児休業申出に係る子を養育することが困難な状態になったこと

三　婚姻の解消その他の事情により配偶者が出生時育児休業申出に係る子と同居しないこととなったこと

四　出生時育児休業申出に係る子が負傷、疾病又は身体上若しくは精神上の障害その他これらに準ずる心身の状況により、2週間以上の期間にわたり世話を必要とする状態になったとき

第9条の2,4項・5項　出生時育児休業中の就業の撤回

　出生時育児休業中の就業撤回について定めた規定です。

　休業開始前日までに、就業可能日の変更または申出・同意の撤回ができます。

　なお、出生時育児休業開始後は、特別の事情がある場合に限り同意を撤回することが

できます。

介護休業

（介護休業の対象者）

第10条

1 <u>要介護状態</u>にある家族を介護する従業員（日雇従業員を除く）は、この規則の定めにより介護休業をすることができる。ただし、有期雇用従業員にあっては、申出時点において、介護休業開始予定日から93日経過日から6カ月を経過する日までに労働契約期間が満了し、更新されないことが明らかでない者に限り介護休業をすることができる。

2 労使協定により除外された次の従業員からの休業の申出は拒むことができる。

一 入社1年未満の従業員

二 申出の日から93日以内に雇用関係が終了することが明らかな従業員

三 1週間の所定労働日数が2日以下の従業員

3 この要介護状態にある家族とは、負傷、疾病又は身体上若しくは精神上の障害により、2週間以上の期間にわたり常時介護を必要とする状態にある次の者をいう。

(1)配偶者

(2)父母

(3)子

(4)配偶者の父母

(5)祖父母、兄弟姉妹又は孫

(6)上記以外の家族で会社が認めた者

第10条　介護休業の対象者

介護休業について定めた規定です。

「介護休業」をすることができるのは、<u>要介護状態</u>にある対象家族を介護する男女従業員です。ただし有期雇用従業員には取得にあたり条件があります。

Point!

有期雇用従業員についても原則として介護休業を取得できますが、介護休業開始後93日プラス6カ月経過日までに、契約期間が満了し、更新される見込みがない場合は取得できません。

● 有期雇用従業員が介護休業を取得できないケース

「<u>要介護状態</u>」とは、負傷、疾病または身体上もしくは精神上の障害により、2週間以上の期間にわたり常時介護を必要とする状態をいい、常時介護を必要とする状態については、判断基準が定められています。

(介護休業の申出の手続等)

第11条

1 介護休業をすることを希望する従業員は、原則として介護休業開始予定日の2週間前までに、介護休業申出書を会社に提出することにより申し出るものとする。なお、介護休業中の有期雇用従業員が労働契約を更新するに当たり、引き続き休業を希望する場合には、更新された労働契約期間の初日を介護休業開始予定日として、介護休業申出書により再度の申出を行うものとする。

2 申出は、<u>対象家族1人につき3回まで</u>とする。ただし、[契約更新時の再度の介護休業の申出]をしようとする場合にあっては、この限りでない。

3 会社は、介護休業申出書を受け取るに当たり、必要最小限度の各種証明書の提出を求めることがある。

4 介護休業申出書が提出されたときは、会社は速やかに当該介護休業申出者に対し、介護休業取扱通知書を交付する。

第11条　介護休業の申出

介護休業の申出について定めた規定です。

No.	休業区分	申出時期	申出回数
1	介護休業	2週間前	対象家族1人につき3回

介護休業の申出回数は<u>対象家族1人につき3回まで</u>とされています。したがって、異なる対象家族については、別に1人につき3回の申出が可能になります。

（介護休業の申出の撤回等）

第12条

1　申出者は、介護休業開始予定日の前日までは、介護休業申出撤回届を会社に提出することにより、<u>介護休業の申出を撤回</u>することができる。

2　介護休業申出撤回届が提出されたときは、会社は速やかに当該介護休業申出撤回届を提出した者に対し、介護休業取扱通知書を交付する。

3　同一対象家族について<u>2回連続して</u>介護休業の申出を撤回した者について、当該家族について再度の申出はすることができない。ただし、会社がこれを適当と認めた場合には、申し出ることができるものとする。

4　介護休業開始予定日の前日までに、申出に係る家族の死亡等により申出者が家族を介護しないこととなった場合には、介護休業の申出はされなかったものとみなす。この場合において、申出者は、原則として当該事由が発生した日に、会社にその旨を通知しなければならない。

（介護休業の期間等）

第13条

1　介護休業の期間は、対象家族1人につき、原則として、<u>通算93日</u>の範囲内で、介護休業申出書に記載された期間とする。

2　会社は、育児・介護休業法の定めにより介護休業開始予定日の指定を行うことができる。

第12条　介護休業の申出の撤回

介護休業の申出は撤回することができるとする規定です。

育児休業と異なり介護休業の申出の撤回は1回につき1回の休業を取得したものとみなすのではなく、2回連続して申出を撤回した場合、再度の申出はできません。

✓ Point!

介護休業については、特別な事情による再度の申出は特に定められていません。

第13条1項　介護休業の期間

介護休業の期間は、対象家族1人につき、原則として、通算93日の範囲内とする規定です。

✓ Point!

介護休業の申出回数は対象家族1人につき3回までとされているので、93日を3分割して取得することが可能です。なお、取得期間についての期限はありません。

第13条2項　介護休業の期間の指定

介護休業の申出が定められた期間に遅れた場合は、会社は介護休業開始予定日の指定を行うことができるとする規定です。

● 会社が介護休業開始予定日を指定できる期間

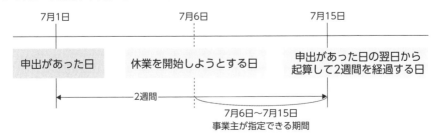

3　従業員は、介護休業期間変更申出書により、介護休業を終了しようとする日の2週間前までに会社に申し出ることにより、介護休業終了予定日の繰下げ変更を行うことができる。

　この場合において、介護休業開始予定日から変更後の介護休業終了予定日までの期間は通算93日の範囲を超えないことを原則とする。

4　介護休業期間変更申出書が提出されたときは、会社は速やかに当該介護休業期間変更申出書を提出した者に対し、介護休業取扱通知書を交付する。

5　次の各号に掲げるいずれかの事由が生じた場合には、介護休業は終了するものとし、当該介護休業の終了日は当該各号に掲げる日とする。
　(1)対象家族の死亡等介護休業に係る家族を介護しないこととなった場合
　　　当該事由が発生した日
　(2)申出者について、産前・産後休業、育児休業、出生時育児休業又は新たな介護休業が始まった場合
　　　産前・産後休業、育児休業、出生時育児休業又は新たな介護休業の開始日の前日

6　[家族の死亡等による介護休業終了事由]が生じた場合には、申出者は原則として当該事由が生じた日に会社にその旨を通知しなければならない。

第13条3項　介護休業期間の変更

　介護休業の休業終了予定日の繰り下げについての規定です。開始予定日の繰り上げについては法定されていません。

☑️Point!

　介護休業は、対象家族1人につき3回まで、93日を限度として取得することが可能ですが、後述の介護短時間勤務を別に取得することができます。したがって、介護休業と介護短時間勤務を組み合わせて取得することが可能です。

　ただし、介護短時間勤務は、利用開始日から連続した最低3年間の期間に、少なくとも2回以上取得できることとされており、取得の期限があります。

● 介護短時間勤務と介護休業を組み合わせて取得した例

4 子の看護休暇

（子の看護休暇）

第14条

1　小学校就学の始期に達するまでの子を養育する従業員（日雇従業員を除く）は、負傷し、又は疾病にかかった当該子の世話をするために、又は当該子に予防接種や健康診断を受けさせるために、就業規則に規定する年次有給休暇とは別に、当該子が1人の場合は1年間につき5日、2人以上の場合は1年間につき10日を限度として、子の看護休暇を取得することができる。この場合の1年間とは、4月1日から翌年3月31日までの期間とする。ただし、事業主は労使協定によって除外された次の従業員からの子の看護休暇の申出を拒むことができる。

　　一　入社6カ月未満の従業員

　　二　1週間の所定労働日数が2日以下の従業員

2　子の看護休暇は、時間単位で始業時刻から連続又は終業時刻まで連続して取得することができる。

3　取得しようとする者は、原則として、子の看護休暇申出書を事前に会社に申し出るものとする。

4　本制度の適用を受ける間の給与については、別途定める給与規定に基づく労務提供のなかった時間分に相当する額を控除した額を支給する。

5　賞与については、その算定対象期間に本制度の適用を受ける期間がある場合においては、労務提供のなかった時間に対応する賞与は支給しない。

6　定期昇給及び退職金の算定に当たっては、本制度の適用を受ける期間を通常の勤務をしているものとみなす。

第14条　子の看護休暇

　小学校就学前の子を養育する従業員は、1年度において5日の子の看護休暇を取得することができるとする規定です。

　また、小学校就学前の子が2人以上の場合は、10日の子の看護休暇を取得することができます。

　なお、労使協定を締結することにより、子の看護休暇を請求することができない定めをすることができます（第6章[4]参照）。

　「始業時刻から連続または終業時刻まで連続して取得」とは中抜けは認めず、始業時刻または終業時刻と接合していることとする規定です。

☑ Point!

①1年間については、毎年4月1日から翌年3月31日です。

②子の看護休暇は、1日単位または時間単位で取得ができます。

③証明書の提出は、過重な負担にならないよう留意します。

④子の看護休暇は、無給または有給どちらでも構いません。

⑤時間単位での取得は、いわゆる「中抜け」を認めることまでは法律は求めていません。

<子の看護休暇の取得理由>

　子の看護休暇は、負傷し、または疾病にかかった子の世話または疾病の予防を図るために必要な世話を行うための休暇です。

No.	子の看護休暇の取得理由
1	負傷し、又は疾病にかかった子の世話
2	疾病の予防を図るために必要な世話 ・子の予防接種（定期の予防接種以外のものも含む） ・子の健康診断受診

介護休暇

（介護休暇）

第15条

1　要介護状態にある家族の介護その他の世話をする従業員（日雇従業員を除く）は、就業規則に規定する年次有給休暇とは別に、当該家族が1人の場合は1年間につき5日、2人以上の場合は1年間につき10日を限度として、介護休暇を取得することができる。この場合の1年間とは、4月1日から翌年3月31日までの期間とする。ただし、事業主は労使協定によって除外された次の従業員からの介護休暇の申出を拒むことができる。

　　一　入社6カ月未満の従業員

　　二　1週間の所定労働日数が2日以下の従業員

2　介護休暇は、時間単位で始業時刻から連続又は終業時刻まで連続して取得することができる。

3　取得しようとする者は、原則として、介護休暇申出書を事前に会社に申し出るものとする。

4　本制度の適用を受ける間の給与については、別途定める給与規定に基づく労務提供のなかった時間分に相当する額を控除した額を支給する。

5　賞与については、その算定対象期間に本制度の適用を受ける期間がある場合においては、労務提供のなかった時間に対応する賞与は支給しない。

6　定期昇給及び退職金の算定に当たっては、本制度の適用を受ける期間を通常の勤務をしているものとみなす。

第15条　介護休暇

　要介護状態にある対象家族の介護や世話をする従業員は、1年度において5日の介護休暇を取得することができるとする規定です。

　また、対象家族が2人以上の場合は、10日の介護休暇を取得することができます。

　なお、労使協定を締結することにより、介護休暇を請求することができない定めをすることができます。

☑Point!

①1年間については、毎年4月1日から翌年3月31日です。

②介護休暇は、1日単位または時間単位で取得ができます。

③証明書の提出は、過重な負担にならないよう留意します。

④介護休暇は、無給または有給どちらでも構いません。

⑤時間単位での取得は、いわゆる「中抜け」を認めることまでは法律は求めていません。

⑥ほかに対象家族を介護できる家族がいても、介護休暇の取得を拒むことはできません。

6 所定外労働の制限

（育児・介護のための所定外労働の制限）

第16条

1　3歳に満たない子を養育する従業員（日雇従業員を除く）が当該子を養育するため、又は要介護状態にある対象家族を介護する従業員（日雇従業員を除く）が当該家族を介護するために請求した場合には、事業の正常な運営に支障がある場合を除き、所定労働時間を超えて労働をさせることはない。

2　労使協定によって除外された次の従業員からの所定外労働の制限の請求は拒むことができる。
　(1)入社1年未満の従業員
　(2)1週間の所定労働日数が2日以下の従業員

3　請求をしようとする者は、1回につき、1カ月以上1年以内の期間（以下この条において「制限期間」という。）について、制限を開始しようとする日（以下この条において「制限開始予定日」という。）及び制限を終了しようとする日を明らかにして、原則として、制限開始予定日の1カ月前までに、育児・介護のための所定外労働制限請求書を会社に提出するものとする。この場合において、制限期間は、[時間外労働の制限期間]と重複しないようにしなければならない。

4　会社は、所定外労働制限請求書を受け取るに当たり、必要最小限度の各種証明書の提出を求めることがある。

第16条　育児・介護のための所定外労働の制限

　3歳未満の子を養育する従業員、または要介護状態にある対象家族の介護をする従業員は、<u>所定労働時間を超えて</u>労働しないことを請求できるとする規定です。

　ただし、事業の正常な運営を妨げることがないことが条件です。

　なお、労使協定を締結することにより、所定外労働の制限の請求ができない定めをすることができます（第6章[3]参照）。

　また、所定外労働の制限期間は、第17条の時間外労働制限期間と重複しないようにしなければなりません。

　なお、所定外労働の制限期間と、所定労働時間の短縮期間が重複することは可能です。

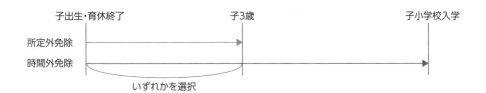

　所定外労働の制限は、所定労働時間を超えた時間外労働だけではなく休日労働もさせることができません。

5　請求の日後に請求に係る子が出生したときは、所定外労働制限請求書を提出
した者(以下この条において「請求者」という。)は、出生後2週間以内に会社に
所定外労働制限対象児出生届を提出しなければならない。

6　制限開始予定日の前日までに、請求に係る子又は家族の死亡等により請求者
が子を養育又は家族を介護しないこととなった場合には、請求されなかったも
のとみなす。この場合において、請求者は、原則として当該事由が発生した日
に、会社にその旨を通知しなければならない。

7　次の各号に掲げるいずれかの事由が生じた場合には、制限期間は終了するも
のとし、当該制限期間の終了日は当該各号に掲げる日とする。
(1)子又は家族の死亡等制限に係る子を養育又は家族を介護しないこととなっ
た場合
当該事由が発生した日
(2)制限に係る子が3歳に達した場合
当該3歳に達した日
(3)請求者について、産前・産後休業、育児休業、出生時育児休業又は介護休業
が始まった場合
産前・産後休業、育児休業、出生時育児休業又は介護休業の開始日の前日

8　[子又は家族の死亡等により子を養育又は家族を介護しないこととなった場
合]には、請求者は原則として当該事由が生じた日に、会社にその旨を通知しな
ければならない。

第8章

会社の規程をチェックしよう　育児介護休業規程モデル

213

7

時間外労働の制限

（育児・介護のための時間外労働の制限）

第17条

1　小学校就学の始期に達するまでの子を養育する従業員が当該子を養育するため又は要介護状態にある家族を介護する従業員が当該家族を介護するために請求した場合には、事業の正常な運営に支障がある場合を除き、<u>1カ月について24時間、1年について150時間を超えて</u>時間外労働をさせることはない。

2　次の一から三のいずれかに該当する従業員からの時間外労働の制限の請求は拒むことができる。

一　日雇従業員

二　入社1年未満の従業員

三　1週間の所定労働日数が2日以下の従業員

3　請求をしようとする者は、1回につき、1カ月以上1年以内の期間（以下この条において「制限期間」という。）について、制限を開始しようとする日（以下この条において「制限開始予定日」という。）及び制限を終了しようとする日を明らかにして、原則として、制限開始予定日の1カ月前までに、育児・介護のための時間外労働制限請求書を会社に提出するものとする。この場合において、制限期間は、[所定外労働の制限期間]と重複しないようにしなければならない。

4　会社は、時間外労働制限請求書を受け取るに当たり、必要最小限度の各種証明書の提出を求めることがある。

第17条　育児・介護のための時間外労働の制限

　小学校就学前の子を養育する従業員または要介護状態にある対象家族の介護をする従業員は、一定の時間を超えて時間外労働をしないことを請求できるとする規定です。

　ただし、事業の正常な運営を妨げることがないことが条件です。

　時間外労働をしないこととする一定の時間は、<u>1カ月について24時間、1年について150時間を超え</u>た時間です。

　なお、時間外労働の制限は、労使協定を締結することなく請求できない定めができますが、就業規則に定めておく必要があります(第6章[3]参照)。

✓🖊Point!

　時間外労働の制限の対象となるのは、法定労働時間を超える時間外労働(会社の定める所定労働時間を超える時間ではありません)であり、変形労働時間制やフレックスタイム制の場合も対象となります。

5　請求の日後に請求に係る子が出生したときは、時間外労働制限請求書を提出した者(以下この条において「請求者」という。)は、出生後2週間以内に会社に時間外労働制限対象児出生届を提出しなければならない。

6　制限開始予定日の前日までに、請求に係る子又は家族の死亡等により請求者が子を養育又は家族を介護しないこととなった場合には、請求されなかったものとみなす。この場合において、請求者は、原則として当該事由が発生した日に、会社にその旨を通知しなければならない。

7　次の各号に掲げるいずれかの事由が生じた場合には、制限期間は終了するものとし、当該制限期間の終了日は当該各号に掲げる日とする。
　(1)子又は家族の死亡等制限に係る子を養育又は家族を介護しないこととなった場合
　　当該事由が発生した日
　(2)制限に係る子が小学校就学の始期に達した場合
　　子が6歳に達する日の属する年度の3月31日
　(3)請求者について、産前・産後休業、育児休業、出生時育児休業又は介護休業が始まった場合
　　産前・産後休業、育児休業、出生時育児休業又は介護休業の開始日の前日

8　[子又は家族の死亡等により子を養育又は家族を介護しないこととなった場合]には、請求者は原則として当該事由が生じた日に、会社にその旨を通知しなければならない。

第8章 ｜ 会社の規程をチェックしよう 育児介護休業規程モデル

217

8

深夜業の制限

（育児・介護のための深夜業の制限）

第18条

1　小学校就学の始期に達するまでの子を養育する従業員が当該子を養育する
　ため又は要介護状態にある家族を介護する従業員が当該家族を介護するため
　に請求した場合には、事業の正常な運営に支障がある場合を除き、<u>午後10時か</u>
　<u>ら午前5時まで</u>の間（以下「深夜」という。）に労働させることはない。

2　次のいずれかに該当する従業員からの深夜業の制限の請求は拒むことがで
　きる。
　一　日雇従業員
　二　入社1年未満の従業員
　三　請求に係る家族の16歳以上の同居の家族が次のいずれにも該当する従業
　　員
　　　イ　深夜において就業していない者（1カ月について深夜における就業が3日
　　　　以下の者を含む。）であること。
　　　ロ　心身の状況が請求に係る子の保育又は家族の介護をすることができる
　　　　者であること。
　　　ハ　6週間（多胎妊娠の場合にあっては、14週間）以内に出産予定でなく、か
　　　　つ産後8週間以内でない者であること。
　四　1週間の所定労働日数が2日以下の従業員
　五　所定労働時間の全部が深夜にある従業員

第18条　育児・介護のための深夜業の制限

　小学校就学前の子を養育する従業員、または要介護状態にある対象家族の介護をする従業員は、深夜労働をしないことを請求できるとする規定です。

　ただし、事業の正常な運営を妨げることがないことが条件です。

　深夜労働をしないこととする時間帯は、<u>午後10時から午前5時まで</u>です。

　なお、深夜労働の制限は、労使協定を締結することなく請求できない定めができますが、就業規則に定めておく必要があります（第6章[3]参照）。

Point!

　所定労働時間の全部が午後10時〜午前5時の間にある従業員からの請求は、会社は拒むことができます。

3　請求をしようとする者は、1回につき、1カ月以上6カ月以内の期間（以下この条において「制限期間」という。）について、制限を開始しようとする日（以下この条において「制限開始予定日」という。）及び制限を終了しようとする日を明らかにして、原則として、制限開始予定日の1カ月前までに、育児・介護のための深夜業制限請求書を会社に提出するものとする。

4　会社は、深夜業制限請求書を受け取るに当たり、必要最小限度の各種証明書の提出を求めることがある。

5　請求の日後に請求に係る子が出生したときは、深夜業制限請求書を提出した者（以下この条において「請求者」という。）は、出生後2週間以内に会社に深夜業制限対象児出生届を提出しなければならない。

6　制限開始予定日の前日までに、請求に係る子又は家族の死亡等により請求者が子を養育又は家族を介護しないこととなった場合には、請求されなかったものとみなす。この場合において、請求者は、原則として当該事由が発生した日に、会社にその旨を通知しなければならない。

7　次の各号に掲げるいずれかの事由が生じた場合には、制限期間は終了するものとし、当該制限期間の終了日は当該各号に掲げる日とする。
(1)子又は家族の死亡等制限に係る子を養育又は家族を介護しないこととなった場合
　　当該事由が発生した日
(2)制限に係る子が小学校就学の始期に達した場合
　　子が6歳に達する日の属する年度の3月31日
(3)請求者について、産前・産後休業、育児休業、出生時育児休業又は介護休業が始まった場合
　　産前・産後休業、育児休業、出生時育児休業又は介護休業の開始日の前日

8 [子又は家族の死亡等により子を養育又は家族を介護しないこととなった場合]には、請求者は原則として当該事由が生じた日に、会社にその旨を通知しなければならない。

9 制限期間中の給与については、別途定める給与規定に基づく労務提供のなかった時間分に相当する額を控除した基本給と諸手当の全額を支給する。

10 深夜業の制限を受ける従業員に対して、会社は必要に応じて昼間勤務へ転換させることがある。

（育児短時間勤務）

第19条

1　3歳に満たない子を養育する従業員は、申し出ることにより、就業規則に定める所定労働時間について、以下のように変更することができる。

　　所定労働時間を午前9時から午後4時まで（うち休憩時間は、午前12時から午後1時までの1時間とする。）の<u>6時間</u>とする。

2　次のいずれかに該当する従業員からの育児短時間勤務の申出は拒むことができる。

　一　日雇従業員

　二　1日の所定労働時間が6時間以下である従業員

　三　労使協定によって除外された次の従業員

　　(ア)　入社1年未満の従業員

　　(イ)　1週間の所定労働日数が2日以下の従業員

3　申出をしようとする者は、1回につき、1カ月以上1年以内の期間について、短縮を開始しようとする日及び短縮を終了しようとする日を明らかにして、原則として、短縮開始予定日の1カ月前までに、育児短時間勤務申出書により会社に申し出なければならない。申出書が提出されたときは、会社は速やかに申出者に対し、育児短時間勤務取扱通知書を交付する。

4　本制度の適用を受ける間の給与については、別途定める給与規定に基づく労務提供のなかった時間分に相当する額を控除した基本給と諸手当の全額を支給する。

第19条　育児短時間勤務

　3歳未満の子を養育する従業員は、育児短時間勤務を申し出ることができるとする規定です。

　育児短時間勤務制度は、1日の所定労働時間を原則として<u>6時間</u>とする選択肢を設定しなければなりません。

　なお、労使協定を締結することにより、育児短時間勤務を申出ることができない定めをすることができます（第6章[2]参照）。

 Point!

　1日の所定労働時間が6時間以下の従業員からの申出は、労使協定がなくても会社は拒むことができます。

5 賞与については、その算定対象期間に本制度の適用を受ける期間がある場合においては、短縮した時間に対応する賞与は支給しない。

6 定期昇給及び退職金の算定に当たっては、本制度の適用を受ける期間は通常の勤務をしているものとみなす。

（介護短時間勤務）
第20条

1 要介護状態にある家族を介護する従業員は、申し出ることにより、当該家族1人当たり利用開始の日から3年の間で2回までの範囲内で、就業規則に定める所定労働時間について、以下のように変更することができる。
所定労働時間を午前9時から午後4時まで（うち休憩時間は、午前12時から午後1時までの1時間とする。）の4時間とする。

2 本条第1項にかかわらず、次のいずれかに該当する従業員からの介護短時間勤務の申出は拒むことができる。
一 日雇従業員
二 労使協定によって除外された次の従業員
（ｱ） 入社1年未満の従業員
（ｲ） 1週間の所定労働日数が2日以下の従業員

3 申出をしようとする者は、短縮を開始しようとする日及び短縮を終了しようとする日を明らかにして、原則として、短縮開始予定日の2週間前までに、介護短時間勤務申出書により会社に申し出なければならない。申出書が提出されたときは、会社は速やかに申出者に対し、介護短時間勤務取扱通知書を交付する。

第20条　介護短時間勤務

　要介護状態にある家族を介護する従業員は、介護短時間勤務を申し出ることができるとする規定です。

　介護短時間勤務制度は、1日の所定労働時間についての<u>制約はありません</u>。

　なお、労使協定を締結することにより、介護短時間勤務を申出ることができない定めをすることができます。

☑️Point!

　1日の所定労働時間が6時間以下の従業員は、介護短時間勤務制度の対象とする必要はありません。

4　本制度の適用を受ける間の給与については、別途定める給与規定に基づく労務提供のなかった時間分に相当する額を控除した基本給と諸手当の全額を支給する。

5　賞与については、その算定対象期間に本制度の適用を受ける期間がある場合においては、短縮した時間に対応する賞与は支給しない。

6　定期昇給及び退職金の算定に当たっては、本制度の適用を受ける期間は通常の勤務をしているものとみなす。

（給与等の取扱い）

第21条

1　育児・介護休業の期間については、基本給その他の月毎に支払われる給与は支給しない。

2　賞与については、その算定対象期間に育児・介護休業をした期間が含まれる場合には、出勤日数により日割りで計算した額を支給する。

3　定期昇給は、育児・介護休業の期間中は行わないものとし、育児・介護休業期間中に定期昇給日が到来した者については、復職後に昇給させるものとする。

4　退職金の算定に当たっては、育児・介護休業をした期間を勤務したものとして勤続年数を計算するものとする。

（介護休業期間中の社会保険料の取扱い）

第22条

　介護休業により給与が支払われない月における社会保険料の被保険者負担分は、各月に会社が納付した額を翌月〇日までに従業員に請求するものとし、従業員は会社が指定する日までに支払うものとする。

第21条・22条・23条　その他の事項

　育児休業及び介護休業期間中の賃金その他の処遇について定めた規定です。

　育児休業及び介護休業期間、または短時間勤務において働いていない期間または時間について、給与を支給しないことは問題ありません。

　なお、育児休業期間中の社会保険料は免除されているため、介護休業期間中のみ社会保険料の取扱いを規定しておきます。

　また復職後の職務などの取扱いについても定めておくとよいでしょう。

Point!

　育児・介護休業法には不利益取扱いの禁止が定められています。

　たとえば賞与や退職金の算定にあたって、働かなかった期間を超えて不支給とすることは、不利益取扱いの禁止規定に抵触します。

（復職後の勤務）

第23条

  1 育児・介護休業後の勤務は、原則として、休業直前の部署及び職務とする。

  2 本条第1項にかかわらず、本人の希望がある場合及び組織の変更等やむを得ない事情がある場合には、部署及び職務の変更を行うことがある。この場合は、育児休業終了予定日の1カ月前、介護休業終了予定日の2週間前までに正式に決定し通知する。

（法令との関係）

第24条

  育児・介護休業、子の看護休暇、介護休暇、育児・介護のための所定外労働の制限、育児・介護のための時間外労働及び深夜業の制限並びに所定労働時間の短縮措置等に関して、この規則に定めのないことについては、育児・介護休業法その他の法令の定めるところによる。

（附則）

本規則は、○年○月○日から適用する。

育児・介護休業等に関する労使協定の例

① 以下のような労使協定を締結することにより、育児・介護休業、子の看護休暇、介護休暇、所定外労働の制限、短時間勤務の対象者を限定することが可能です。労使協定については、労働基準監督署長への届出は不要です。
② 労使協定とは、事業所ごとに労働者の過半数で組織する労働組合があるときはその労働組合、労働者の過半数で組織する労働組合がないときは、労働者の過半数を代表する者と事業主との書面による協定をいいます。
③ 出生時育児休業は、省令で定める雇用環境整備の取組実施を労使協定で定めた場合に限り、申出期限を２週間超〜１か月の範囲内で労使協定で定める期間とすることが可能です。以下の例のほかにも対象となる取組があります（14頁参照）。自社の状況を分析し、自社に適した取組を行ってください。
④ 労使協定の締結があれば、出生時育児休業中の就業は可能になり、就業可能な部署等を労使協定で限定することも可能です。休業中の就業を強制する等、労働者の意に反して就業させてはいけません。
⑤ 子の看護休暇、介護休暇を時間単位で取得することが困難と認められる労働者については、労使協定により適用除外とすることができます。
⑥ 育児短時間勤務の申出を拒むことができる労働者について、このほかにも一定の範囲で規定することができます。

○○株式会社と□□労働組合は、○○株式会社における育児・介護休業等に関し、次のとおり協定する。
（育児休業の申出を拒むことができる従業員）
第１条　事業所長は、次の従業員から１歳（法定要件に該当する場合は１歳６か月又は２歳）に満たない子を養育するための育児休業の申出があったときは、その申出を拒むことができるものとする。
　一　入社１年未満の従業員
　二　申出の日から１年（法第５条第３項及び第４項の申出にあっては６か月）以内に雇用関係が終了することが明らかな従業員
　三　１週間の所定労働日数が２日以下の従業員
２　事業所長は、次の従業員から出生時育児休業の申出があったときは、その申出を拒むことができるものとする。
　一　入社１年未満の従業員
　二　申出の日から８週間以内に雇用関係が終了することが明らかな従業員
　三　１週間の所定労働日数が２日以下の従業員
（介護休業の申出を拒むことができる従業員）
第２条　事業所長は、次の従業員から介護休業の申出があったときは、その申出を拒むことができるものとする。
　一　入社１年未満の従業員
　二　申出の日から93日以内に雇用関係が終了することが明らかな従業員
　三　１週間の所定労働日数が２日以下の従業員
（子の看護休暇の申出を拒むことができる従業員）
第３条　事業所長は、次の従業員から子の看護休暇の申出があったときは、その申出を拒むことができるものとする。
　一　入社６か月未満の従業員
　二　１週間の所定労働日数が２日以下の従業員
（介護休暇の申出を拒むことができる従業員）
第４条　事業所長は、次の従業員から介護休暇の申出があったときは、その申出を拒むことができるものとする。
　一　入社６か月未満の従業員
　二　１週間の所定労働日数が２日以下の従業員
（育児・介護のための所定外労働の制限の請求を拒むことができる従業員）
第５条　事業所長は、次の従業員から所定外労働の制限の請求があったときは、その請求を拒むことができるものとする。
　一　入社１年未満の従業員
　二　１週間の所定労働日数が２日以下の従業員
（育児短時間勤務の申出を拒むことができる従業員）
第６条　事業所長は、次の従業員から育児短時間勤務の申出があったときは、その申出を拒むことができるものとする。
　一　入社１年未満の従業員
　二　週の所定労働日数が２日以下の従業員
（介護短時間勤務の申出を拒むことができる従業員）
第７条　事業所長は、次の従業員から介護短時間勤務の申出があったときは、その申出を拒むことができるものとする。
　一　入社１年未満の従業員
　二　１週間の所定労働日数が２日以下の従業員
（従業員への通知）
第８条　事業所長は、第１条から第７条までのいずれかの規定により従業員の申出を拒むときは、その旨を従業員に通知するものとする。
（出生時育児休業の申出期限）
第９条　事業所長（三を除く。）は、出生時育児休業の申出が円滑に行われるよう、次の措置を講じることとする。その場合、事業所長は、出生時育児休業の申出期限を出生時育児休業を開始する日の１か月前までとすることができるものとする。
　一　出生時育児休業制度（全出生時育児休業含む。）の意義や制度の内容、申請方法等に関する研修を実施すること（注１）。
　二　育児休業に関する相談窓口を各事業所内の人事担当部署に設置し、事業所内の従業員に周知すること。
　三　育児休業について、○○株式会社全体として、毎年度「男性労働者の取得率○％以上　取得期間平均○か月以上」「女性労働者の取得率○％以上」を達成することを目標とし、この目標及び育児休業の取得の促進に関する方針を社長から従業員に定期的に周知すること。また、男性労働者の取得率や期間の目標については、達成状況を踏まえて必要な際には上方修正を行うことについて労使間で協議を行うこと（注２）。
　四　育児休業に係る労働者の意向について、各事業所の人事担当部署から、当該労働者に書面を交付し回答を求めることで確認する措置を講じた上で、労働者から回答がない場合には、再度当該労働者の意向確認を実施し、当該労働者の意向の把握を行うこと。
（出生時育児休業中の就業）
第10条　出生時育児休業中の就業を希望する従業員は、就業可能日等を申出ることができるものとする。
（有効期間）
第11条　本協定の有効期間は、○年○月○日から○年○月○日までとする。ただし、有効期間満了の１か月前までに、会社、組合いずれからも申出がないときは、更に１年間有効期間を延長するものとし、以降も同様とする。

○年○月○日　○○株式会社　代表取締役　○○○○　　□□労働組合　執行委員長　○○○○

（注１）　研修の対象者は全労働者が望ましいですが、少なくとも管理職については対象とすることが必要です。
（注２）　数値目標の設定に当たっては、育児休業の取得率のほか当該企業における独自の育児目的の休暇制度を含めた取得率等を設定すること等も可能ですが、少なくとも男性の取得状況に関する目標を設定することが必要です。

●著者

小磯 優子（こいそ ゆうこ）

OURS小磯社会保険労務士法人　代表社員　特定社会保険労務士。成蹊大学日本文学科卒業、早稲田大学大学院法学研究科修了。1993年小磯社会保険労務士事務所設立、2009年法人化により代表社員就任。東京交通サービス株式会社社外取締役（兼職）。大手企業を中心とした企業の労務管理における相談業務、労務DD、PMI等のM＆A支援、賃金制度改定支援及び人事・労務管理に関する研究及び情報発信、ビジネスと人権に関する企業支援を中心に業務を行っている。

中村 寿恵（なかむら としえ）

OURS小磯社会保険労務士法人　特定社会保険労務士。神戸大学法学部卒業。人材関連企業勤務を経た後、2008年小磯社会保険労務士事務所（現OURS小磯社会保険労務士法人）入所。2010年社会保険労務士登録、2011年特定社会保険労務士付記。人事労務に関する相談業務、労働社会保険手続業務全般に従事。

●イラスト（カバー・本文）：ソコスト
●イラスト（特典）：今瀬のりお
●校閲：株式会社聚珍社

はじめてでもよくわかる！
総務・人事が知っておきたい
産休・育休の実務

発行日	2023年12月21日	第1版第1刷

著　者　小磯　優子／中村　寿恵

発行者　斉藤　和邦
発行所　株式会社 秀和システム
　　　　〒135-0016
　　　　東京都江東区東陽2-4-2　新宮ビル2F
　　　　Tel 03-6264-3105（販売）Fax 03-6264-3094
印刷所　三松堂印刷株式会社　　　　Printed in Japan

ISBN978-4-7980-7115-2 C0034